EJERCICIOS SISTÉMICOS

Ejercicios sistémicos

Movimientos esenciales
y prácticas sanadoras de las
Nuevas Constelaciones Familiares
para conseguir el bienestar, el éxito,
la alegría y el amor

Brigitte Champetier de Ribes

Ilustraciones de Guillermo García García

Primera edición: febrero de 2022
Primera reimpresión: abril de 2022

Título: *Ejercicios sistémicos*

Diseño de cubierta: Rafael Soria

© 2021, Brigitte Champetier de Ribes

Publicado por acuerdo con la autora

De la presente edición en castellano:
© Distribuciones Alfaomega S. L., Gaia Ediciones, 2021
   Alquimia, 6 - 28933 Móstoles (Madrid) - España
   Tel.: 91 617 08 67
   www.grupogaia.es - E-mail: grupogaia@grupogaia.es

Depósito legal: M. 1.988-2022
I.S.B.N.: 978-84-8445-966-8

Impreso en España por:
Artes Gráficas COFÁS, S.A. - Móstoles (Madrid)

Cualquier forma de reproducción, distribución, comunicación pública o transformación de esta obra solo puede ser realizada con la autorización de sus titulares, salvo excepción prevista por la ley. Diríjase a CEDRO (Centro Español de Derechos Reprográficos, www.cedro.org) si necesita fotocopiar o escanear algún fragmento de esta obra.

Mi gratitud, reverencia y devoción infinitas
para con mi tatarabuelo,
Louis Hachette,
parisino
(1800-1864),
fundador de la editorial Hachette
y mentor de este libro.

Índice

Introducción 15
  1. Por qué este libro 15
  2. La estructura de este libro 19
  3. Un poco de teoría 21
      La sintonía con la vida es la fuente del éxito 21
      Las fuerzas del amor 23
      La compensación arcaica 26
      La compensación adulta 29
  4. Recomendaciones para los ejercicios 30
      Las miradas 32
      Posturas, gestos, movimientos y frases sanadoras 33

1. PARA EMPEZAR 37
    El primer paso 37
    El guía: la sensación interna 39
    Si no percibes a tu guía 42
    El poder de los pensamientos 43
    Ordenar nuestra vida 48
    Regulador energético de emociones y traumas 53

2. Éxito 59
    Asentir a la realidad 62
    Tomar a la madre 63
    Ver a la madre desde el adulto 64
    Crear un anclaje 65
    La noche oscura 68
    El guía es el corazón 69

3. Tomar una decisión 73
    Las expectativas y lo esencial para mí 74
    Testar algo 75
    ¿Qué camino elegir? 76

4. Dificultades, dramas y tragedias 77
    El destino 78
    Tú por ti 79
    Frente a una situación difícil 80
    El excluido 81
    Ayudar a un muerto a terminar de morir 83
    Cambiar una decisión del guion de vida 84
    Un secreto 87
    Un muerto te agarra 89
    Lugar con memoria 89
    Dramas o tragedias repetitivas 91
    Catástrofes naturales, incendios, seísmos, etc. ... 92
    Para los países divididos 93

5. Conflicto con alguien 97
    El ego 97
    Resolver un conflicto 98
    Desenredar un conflicto (resolver una proyección
        o doble transferencia) 99
    Mi espejo 102

ÍNDICE

    «No le soporto» 103
    Enfrentamientos entre hermanos o dentro
        de un grupo 105
    La agresividad 106

6. PARA ALIVIAR MALESTAR, DOLOR EMOCIONAL 111
    La finalidad de mi malestar 112
    Liberación de un malestar interno 115
    Corte de dependencia 116
    El campo de resonancia mórfica que me toma 119
    Estar atrapado por un movimiento
        de compensación 123
    Culpa por salir de un grupo de pertenencia 124
    Integrar un duelo 126
    Colapso de anclas o transmutar un malestar
        habitual 130
    Acoger a las partes que sufren 131
    Sanando una parte de mi inconsciente que sufre 132
    Calmar una reacción emocional
        desproporcionada 134
    Autosanación 135
    Atenuar el pasado 137
    Hablando con la angustia 138
    El adulto y la angustia 139

7. TRAUMAS, ABUSOS 143
    El enfado constante 144
    Integrar traumas y conflictos 145
    Lo que rechazo 147
    Miedos 147
    Miedo obsesivo. Lo que más miedo me da 150
    Los perpetradores 151
    Cuando alguien nos agrede 152

	Cuando nos indignamos por una injusticia	
	o un comportamiento	153
	Abusos sexuales	154
	Incesto	159
8.	Salud, signos y síntomas de enfermedad	163
	Enfermedad y madre	165
	Hablar con un síntoma	165
	Frente a un síntoma mío	167
	Las pandemias y otras tragedias colectivas	168
	La humanidad y la pandemia	170
	El covid-19	170
	La vacuna	172
	Mis pensamientos negativos	173
	Para dormir mejor	174
	Regenerar nuestras células madre	177
	Los telómeros	178
9.	Dinero y abundancia	181
	Yo y el dinero	182
	Madre y abundancia	182
	La gratitud	183
	Servicio y abundancia	184
	Yo, el servicio y los demás	184
10.	Relaciones	187
	Integración de polaridades / Integración de partes	
	en conflicto	188
	Para ayudar a alguien, sin interferir	190
	Las personas que no cambian	191
	Sanar a distancia	192
	El mejor regalo	193

11. Pareja y amor ... 197
Sanar una relación frustrante ... 198
Mi pareja, mi maestro ... 200
Las frases sanadoras en la pareja ... 201
Las exparejas ... 202
Dificultades en la pareja ... 204
El trío ... 205
Infidelidad ... 206
Dejar de hacer de novio de papá o mamá ... 207
Voy de flor en flor ... 209

12. Familia ... 213
Las frases sanadoras en la familia ... 215
Estar preocupado ... 216
Relaciones difíciles con un familiar, padre, madre, hermano, hermana, etc. ... 218
Frente al bloqueo escolar o comportamiento difícil de un joven, niño, hijo ... 218
La solución intentada en vano ... 220
La triangulación: alianza sistemática contra una persona ... 221

13. Trabajo, empresa, proyecto ... 225
Para saber qué trabajar ... 226
Tomar al padre (cuando hay una reticencia a aceptar a ese padre) ... 227
Bailar con el mundo ... 228
Dificultad en la empresa o en un proyecto ... 229
¿Dónde está mi fuerza? ... 230
Mi responsabilidad ... 231
Tengo los recursos que necesito ... 232
Lograr una meta en sintonía con el destino ... 234

14. Empoderamiento, crecimiento 239
    El movimiento puro 239
    Visualización para aumentar los recursos 241
    Expandiendo la conciencia 241
    Integrar lo masculino y lo femenino 244
    Interpretar nuestros sueños o cualquier incidente 245
    La mirada sanadora 248
    Mi misión hoy 250

15. Plenitud: tomar a los padres 253
    Encontrar nuestro lugar 256
    Estar reemplazando a alguien 259
    Salir de una identificación 259
    Movimiento interrumpido (ira) 261
    Constelación del nacimiento 263
    Ver a los padres como una unidad 265
    El legado de cada género 266
    Soy hija, o hijo, de todos vosotros 268
    Yo soy yo 271
    El holograma 272

Índice alfabético de los ejercicios 277

Introducción

1. Por qué este libro

Estimados lectores, me alegra poder ofreceros este libro de ejercicios sistémicos, fruto de mi práctica de las nuevas constelaciones familiares[1], especialmente desde su evolución hacia las constelaciones cuánticas.

Aparte de mi deseo permanente de compartir lo que me ha ido ayudando a vivir, vuestras demandas han sido decisivas para la recopilación de estos movimientos sanadores.

Una de estas preguntas era esta petición reiterativa: «He constelado, ¿y ahora qué?».

Después de haber hecho su constelación, la persona quiere permanecer el mayor tiempo posible en esta fuerza centrada que transforma su modo de ver y de actuar en su vida.

Pude experimentar el beneficio que fue para mí tener la autonomía suficiente para comprender y aliviar los incidentes de mi propia vida gracias a movimientos sistémicos y ejercicios terapéuticos diversos. Por ese motivo, comencé a publicar en mi web una página de ejercicios sistémicos, para el uso autónomo

---

[1] Bert Hellinger inicia las nuevas constelaciones familiares o constelaciones del Espíritu hacia el año 2005. Léase *La Constelación del Espíritu*, www.insconsfa.com, 2005.

de cada usuario. Mi sorpresa fue ver el efecto tan rápido de estos ejercicios sistémicos. Y si no se produce este resultado sanador, el tema en cuestión necesitaría una constelación con un facilitador profesional.

Estos ejercicios representan movimientos esenciales de las constelaciones y dinámicas sistémicas de PNL[2]. Al hacerlos con profundo centramiento y respeto al campo fuente y a todo lo que mueve nuestra vida, el ejercicio sistémico suele sanar el malestar, reservando la constelación para asuntos más graves o complejos y asuntos de vida o muerte. También se hizo cada vez más evidente que cuanto más sepa uno de sistémica, más puede comprender lo que encierran estos ejercicios, aliviando con este conocimiento muchos aspectos de su día a día.

La otra demanda venía de las personas alejadas físicamente de un centro de constelaciones, aunque gracias a la pandemia hayamos aprendido a confiar en las relaciones a distancia. Para las personas que no pueden acudir físicamente a una constelación, me parece importante poder darles una herramienta que les acerque a la sanación sistémica y les prepare para las constelaciones mientras consiguen, paso a paso, transformar ellas mismas sus vidas.

Primero respondí a estas dos necesidades desde la página web, ofreciendo toda una serie de actividades gratuitas, como ejercicios, meditaciones, vídeos y textos.

Y ahora, sintiendo que varias personas (yo misma lo hubiera querido) necesitan esta documentación en papel, para poder apuntar y subrayar este material transformándolo en una herramienta íntima y personalizada, decido escribir este libro. Aprovechando la ocasión de esta gran recopilación de todos los ejercicios de la página web, los he inscrito en un amplio marco de información, profundización y saber sistémico para que este tu

---

[2] Programación Neurolingüística.

libro sea un instrumento completo y autónomo de comprensión, crecimiento y práctica.

Los conocimientos en este principio del siglo XXI nos dicen varias cosas fundamentales, muchas contrarias a lo que aprendimos durante el siglo anterior. Estos nuevos conceptos están tardando en ser aceptados, aunque nos cambie la vida conocerlos.

Aquí voy a describir algunos:

Todo vibra. Todo está hecho de energía, todo vibra. Las vibraciones se influencian mutuamente. Las frecuencias más altas atraen hacia sí a las frecuencias más bajas. Esto quiere decir que una emoción de frecuencias altas atrae hacia su nivel, transformándolas, a las emociones de frecuencias más bajas.

Los pensamientos lo dirigen todo. Los pensamientos emiten una energía que se propaga por el universo alcanzando todo: el entorno, personas, objetos, naturaleza…, para bien y para mal. Las pruebas ya están aquí.

Cada pensamiento crea una reacción química en todo el organismo, reacción que percibimos como emoción. La energía que produce esta emoción nos lleva a la acción, realizando inmediatamente la decisión expresada en el pensamiento.

Todo el ADN y la energía de la persona se ponen al servicio de ese pensamiento, abriendo las puertas a la repetición del pasado o a la entrega a una nueva posibilidad.

Si queremos modificar una emoción nuestra, simplemente cambiaremos de pensamiento…

Las acciones que realizamos, debidas a nuestros pensamientos, preparan nuestro futuro. Por lo tanto, somos responsables de nuestro futuro y de la calidad de nuestra vida presente y por venir.

Los campos de memoria. Todo lo que se vive se memoriza, creando campos energéticos de memoria; nada desaparece.

Unos, los campos de resonancia mórfica, graban los comportamientos puntuales de todo, atrayendo instintivamente por su resonancia a los individuos hacia ese comportamiento puntual. Los otros, los campos holográficos morfogenéticos, dirigen la evolución de todo lo que está en movimiento, de modo que cada célula o cada individuo sigan un esquema predestinado de evolución (un embrión de rana no se transformará en un perro), que va integrando todas las diferencias individuales vividas hasta ahora por los miembros pasados de esta especie y les expone a un «atractor», a una meta: su ser adulto realizado, ya sea animal, persona o sistema.

El presente como espejo. Nuestro entorno es una suma de espejos de distintas profundidades. Por un lado, es espejo de los conflictos que uno mismo o sus ancestros no consiguieron resolver, y, por otro lado, refleja los saltos cuánticos alcanzados por la misma persona con su práctica del amor en acción. Podemos simplemente dejarnos arrastrar por la imitación, reproduciendo los conflictos y transmitiéndolos a lo que nos rodea, como a nuestros descendientes, o asumirlos y resolverlos, con lo cual se interrumpiría su transmisión y se crearía un nuevo espejo lleno de nuevas posibilidades, transmutando todos los campos de memoria correspondientes.

Temer o rechazar algo tienen el mismo efecto: atraen ese algo. Aceptar incondicionalmente algo permite que siga su camino a favor de todos y en particular a favor de la persona. Más todavía si se agradece ese algo… ¡El agradecimiento hace que al éxito le acompañe la abundancia!

2. La estructura de este libro

Este libro está organizado por capítulos que cubren las diferentes experiencias de nuestra vida emocional y las etapas de nuestro crecimiento. Además de la explicación de la visión sistémica de la vida y de la evolución que aparece en la introducción, cada capítulo se inicia con un breve comentario teórico que añade algo útil sobre la comprensión sistémica del tema y de los ejercicios propuestos.

Luego llegan los ejercicios, a su vez encabezados, a menudo, por una explicación que ayude a comprender el porqué de cada uno.

Nuestras vidas son amor en crecimiento, y la filosofía de las fuerzas del amor nos da las pistas para hacer crecer este amor. Los hábitos suelen ser contrarios al crecimiento del amor. Lo que entendemos por amor suele ser muy cercano a la atracción y al rechazo. Las fuerzas del amor nos abren al amor mayor, a la entrega a todo como es, totalmente independiente de la complacencia o del desagrado.

Las explicaciones teóricas nos ayudarán a comprender y a vivir mejor este amor en crecimiento en el que reside la sanación y nos permitirán comprender la esencia de cada ejercicio.

Este libro, entonces, tiene dos niveles de uso. Uno sería la lectura de todos los comentarios teóricos sobre la sistémica de las fuerzas del amor, con los que deseo aportar a los lectores una visión amplia, profunda y útil que les permitirá abrir su comprensión y desarrollar su crecimiento como seres humanos expandiendo su compasión, su amor y su respeto a todos.

El otro nivel ya no es de lectura, sino de utilización de las herramientas propuestas de sanación y crecimiento. Así que algunos se podrán saltar las páginas dedicadas a las explicaciones teóricas que ya conocen, mientras otros necesitarán asimilarlas lentamente hasta que su mirada se haya hecho sistémica…

No hay un camino recomendado. Cada persona es única y su recorrido también lo será. Por eso, uno utilizará su guía interno para decidir cada día qué ejercicio le conviene practicar, bien para empezar o finalizar el día, bien para resolver un conflicto o una duda.

Los ejercicios están agrupados por temas, pero muchos de ellos se podrían repetir en casi todos los temas. Para aligerar, en la introducción del capítulo, a veces se mencionará que puedes también hacer otros ejercicios ya propuestos, que localizarás gracias al índice alfabético. Por eso, la propuesta esencial es que sigas el consejo de tu guía.

A pesar de todo, te recomiendo que empieces por el primer capítulo: ese capítulo nos habla de las actitudes creadoras de nuevas realidades. Seguir estos principios podría ser ampliamente suficiente, ya que, de por sí, contienen toda la filosofía de las nuevas constelaciones cuánticas y exigen una autodisciplina que te llevará al éxito. Este primer capítulo te condicionará para realizar con provecho los ejercicios de los temas siguientes.

Es posible que te sorprenda que los dos capítulos que hablan de empoderamiento y de plenitud sean los últimos. Como ya sabes, la clave de nuestras vidas es tomar incondicionalmente a nuestros padres. Entonces, ¿por qué es el último capítulo? De un modo natural, todo hijo tiene veneración por sus padres y los padres devoción hacia sus hijos, entregándose a su crecimiento al servicio de la vida. Si las cosas no se desarrollaron así, es únicamente por la interferencia del pasado. Por lo tanto, antes de tomar a nuestros padres sanaremos todo lo que arrastramos de nuestro pasado sin saberlo. Y tomar a nuestros padres se realizará después con la mayor facilidad y gozo.

No hay ningún capítulo dedicado a la espiritualidad. La filosofía de las constelaciones no separa la espiritualidad de la vida misma. Bert Hellinger fue quizás el primer filósofo en tener una visión no dual de la vida.

Todo es energía, la materia es energía. La materia, pues, es espiritual.

Todo lo que hacemos para llegar a más paz, más alegría, más abundancia o más éxito en nuestra vida cotidiana, profesional o familiar son siempre pasos en la profundización de la espiritualidad. La presencia, el misterio o Algo más grande nos acompañan desde que existimos, tengamos o no conciencia de ello.

Las fuerzas del amor, el asentimiento, son actos de rendición mística.

Nuestra vida es una sucesión de reconciliaciones en las que pasamos de la dualidad a la creación de una nueva realidad.

Somos amor en crecimiento, somos conciencia en desarrollo. Pertenecemos desde siempre al holograma del universo, del destino colectivo, del amor en acción.

Como último ejercicio del libro, el holograma nos llevará a esta dimensión no dual de nuestra existencia, en la que somos partícula y onda, simultáneamente aquí y fuera del espacio y del tiempo. El ADN ondulatorio y holográfico, descubierto en los años noventa del siglo pasado por el científico Piotr Gariaev, es la prueba de que somos esta realidad cuántica en la que espíritu y materia son uno, de que pertenecemos a algo anterior al Big Bang, necesarios, predestinados y libres a la vez.

3. Un poco de teoría

La sintonía con la vida es la fuente del éxito

Sintonizar con la vida es sintonizar con la alternancia de opuestos, asentir a todas las contradicciones; es asentir al destino, es aceptar a todos y agradecerles incondicionalmente ser como son. El asentimiento nos permite fluir con el río de la vida en todos los aspectos de nuestra vida.

La vida es un movimiento hacia el amor. Un movimiento desde el amor arcaico de la pertenencia estrecha al amor de la pertenencia a todo. Un movimiento desde las intrincaciones en los desórdenes del pasado a una nueva realidad surgida por nuestra entrega a la vida como es.

Nuestra vida se transforma conforme vamos asintiendo a todo como es. Se trata de asentir, de rendirnos a todo como es desde el adulto, es decir, desde el amor en acción. El niño se somete con pasividad, es incapaz de actuar; el adulto asiente, no se somete, al asentir sabe ya exactamente cómo tiene que actuar.

Esta sintonía del ser humano se realiza cuando se reconoce como hijo o hija de sus padres, como vida engendrada por ellos, haya pasado lo que haya pasado entre sus padres o entre él y sus padres.

Somos una vida, con su principio y su fin. Somos vida hasta que llegue la muerte. Reconocernos como «hijo de» nos sintoniza con la vida, somos la vida misma. En ese momento entra el éxito en nuestras vidas. Entramos en sintonía con la vida, vivimos un profundo salto cuántico. La pertenencia, la fuerza y la felicidad entran en nuestras vidas.

Cuando llega la muerte, la filiación permanece y se transmite genéticamente a todos los descendientes, uno se transforma en patrimonio de sus herederos. Ser «hijo de» me hace pertenecer para siempre. En la vida y en la muerte seguiré siendo «hijo o hija de».

En mí, todo el pasado se ordena. Dos sistemas familiares se reconcilian y su fuerza se despliega a través de mí, en cada momento presente, para que cumpla con el proyecto de vida que me haya tocado, como eslabón de una larga cadena al servicio de la vida.

Y cuando en mí algo se resiste a estar vivo, puedo elegir seguir conscientemente en la vida, a pesar de la dificultad, o retroceder hacia el pasado.

Reconocerme como «hijo o hija de» me sintoniza a la vez con la vida, con Algo mayor y con toda mi fuerza. Permite que nuestra vida fluya espontáneamente en el respeto de la jerarquía natural, de la pertenencia y del equilibrio entre dar y recibir.

En efecto, ser «hijo o hija de» me coloca en mi lugar y me permite pertenecer, me impulsa a agradecer lo recibido viviendo y ayudando a vivir. No puedo no hacerlo, mi deuda hacia mis padres es tan grande que solo puedo querer agradecer la vida engendrada por ellos, poniéndome al servicio. Así, de un modo instintivo equilibro lo que recibí de mis padres con lo que doy a mi entorno.

Cuando acepto lo que hay como es y me uno a todo lo que existe, la respuesta del universo es el éxito[3].

Las fuerzas del amor

Somos energía materializada en el tiempo y el espacio. Las fuerzas que nos guían nos recuerdan que somos energía, en la que todo es movimiento hacia un fin, energía ondulatoria, con su movimiento de equilibrio de fases opuestas, y que somos sometidos al tiempo/espacio mientras vivimos atraídos hacia el amor pleno.

Las fuerzas del amor que guían a la humanidad en su crecimiento hacia más amor son las siguientes:

El asentimiento a todo como es. Esta concordancia con Algo mayor permite la entrega humilde a una conciencia de amor, creadora de lo existente tal como es, provocando simultáneamente el actuar al servicio. Esta fuerza de asentimiento es la fuerza primigenia, lo baña todo, y todo tiende a ella.

---

[3] Michael A. Singer: *El experimento rendición*, Gaia Ediciones, 2013.

La prioridad a los individuos llegados antes y a los sistemas más nuevos. Todo sistema tiene un principio y un fin, todo lo que vive es atravesado por la dimensión tiempo como por la dimensión espacio. Cada persona de cualquier sistema tiene un solo lugar: el que le marca su fecha de entrada en el sistema. Solo existe un lugar donde la persona tenga fuerza, y ese lugar es independiente de su voluntad.

El tiempo determina nuestro lugar en el espacio. No podemos elegir la época en la que vivir ni nuestro lugar en la familia, tampoco el país en el que tener éxito. Cuando los anteriores son respetados por los posteriores y los anteriores se vuelcan hacia los posteriores, estaremos en el camino del éxito. Este respeto del tiempo y del espacio nos dará la fuerza de cumplir con la misión particular que tiene el sistema familiar, u holograma, para cada uno al servicio de la vida. A la vez, permitirá que los sistemas más dinámicos, más nuevos, tengan prioridad en el servicio al mundo. Dos ejemplos para dar claridad: una empresa más joven tiene prioridad sobre una empresa más antigua, simultáneamente los ejecutivos más jóvenes dejarán la prioridad a los más antiguos. En una familia, cuando uno de los progenitores acaba de tener un hijo fuera de su familia, el nuevo sistema creado por ese progenitor tiene prioridad sobre su familia oficial, y el precio a pagar por no respetar esta prioridad es muy alto.

La pertenencia de todos por igual. La pertenencia es una fuerza de cohesión que nos mantiene a todos juntos lo queramos o no. Todo es energía, todo pertenece solo por existir, la exclusión no tiene sentido y el rechazo de algo solo provoca protestas violentas de la energía para con nosotros. Conocemos el principio de que la energía nunca se pierde.

Todas las personas tienen el mismo derecho de pertenencia.

En la memoria inherente del campo se conserva el recuerdo de todo y de todos, con la misma intensidad. Y el sistema familiar vela por la integridad del clan impidiendo cualquier intento de exclusión u olvido: en cuanto alguien es rechazado, un mecanismo ineludible designa a un ser más joven para representar a este rechazado hasta que sea visto y reintegrado.

La pertenencia arcaica se manifiesta a través de la buena conciencia o conciencia individual, es decir, que uno es solidario con los suyos, ignorando a los demás.

La pertenencia adulta es la pertenencia a la totalidad, la que asume todo lo que hay, todo lo hecho, la que asiente a todo y todos como son.

La compensación o equilibrio entre dar y recibir (o equilibrio entre pérdidas y ganancias). Esta compensación, en física, es llamada homeostasis, o de un modo más acertado homeodinamismo. Esta fuerza permite que todo lo vivido esté inmediatamente compensado y complete su ciclo, aunque sea varias generaciones más tarde.

Todo el universo está construido sobre la compensación o equilibrio de dos polos contrarios que, al equilibrarse, generan energía. Todo lo que existe es dual. Si no hay polaridad, no hay posibilidad de crear energía, ni nueva posibilidad de crecimiento. Toda partícula se apoya en su antipartícula, son dos semicuanta que se funden en un cuantum de energía. Por lo que equilibrar las dos polaridades de dar y recibir crea energía: fusionar en uno mismo masculino y femenino crea energía, reconciliarse la víctima con su perpetrador crea energía, etc.

La física cuántica nos explica la razón de ser de la compensación. La estructura de la energía es bifásica, bipolar, y el salto cuántico del que se alimenta la evolución se produce cuando se compensan las dos fases. En nuestras vidas ocurre lo mismo. Llegamos al amor, al cambio y a la plenitud cada vez que logramos compensar dos polaridades o reconciliar dos opuestos.

¿Y qué significa «energía» en nuestras vidas?: fuerza, amor, comprensión, tomas de conciencia, cambio cualitativo y cuantitativo, salto evolutivo o salto cuántico hacia una mejoría o una sanación.

Todo se tiene que ir compensando para que toda la energía del sistema esté totalmente dedicada a la vida.

Las fuerzas del amor pueden ser individuales y colectivas. El asentimiento es individual, mientras que las otras fuerzas pueden llevar responsabilidad tanto individual como colectiva.

La compensación es un fenómeno presente a escala micro y macro. Los grandes ciclos históricos, económicos e ideológicos responden ciegamente a la fuerza de la compensación. El individuo está al servicio de su especie, al servicio de la vida y de sus grandes leyes. Entre estas leyes están las fuerzas del amor, que mueven continuamente todo, creando oportunidades continuas de tomas de conciencia y crecimiento.

Necesitamos distinguir dos tipos de compensación: la compensación arcaica y la compensación adulta.

La compensación arcaica

Lo primero que vivimos desde que somos fetos es el rechazo del dolor de los demás. No soportamos el dolor de los demás. La criatura no tiene la fuerza suficiente para aceptar el sufrimiento de sus seres queridos, no puede hacer otra cosa que decidir llevar el sufrimiento de los que estuvieron antes que ella. El bebé es amor incondicional e inmaduro. No se da cuenta de que así pierde su lugar y se «arroga» la carga del que ama.

Este desorden va a desencadenar reacciones energéticas muy duras hasta que esta persona, una vez adulta, regrese al lugar y al destino que le corresponden.

De adultos, seguimos con estas reacciones arcaicas: no aceptamos la muerte de los seres queridos, no nos atrevemos a seguir viviendo en el presente si esta persona ya se ha ido y queremos acompañarla en la muerte. Queremos vivir la vida de otro para que ese otro deje de sufrir, no queremos disfrutar de nuestra vida si un hermano no puede disfrutar de la suya para no sentirnos culpables de estar mejor que él. Lo más difícil para el adulto es ser feliz.

Estamos en la compensación arcaica, en la cual la fidelidad al dolor de los demás nos ata con dos dinámicas posibles de imitación o sustitución: «Yo como tú» o «Tú por mí, yo por ti». Por ejemplo, reaccionaremos así, más o menos conscientemente, para con un hermano nacido muerto y del que no se ha vuelto a hablar, un padre accidentado, un tío despreciado y olvidado, un ancestro encarcelado, un suicidado, un asesino que no asumió su crimen, una enfermedad dolorosa o irreversible...

Esa dinámica, esa decisión inconsciente de sufrir por amor, causa las mayores desgracias sin conseguir su propósito: compensar, restablecer la armonía. Por el contrario, provoca un dolor aún mayor en el sistema familiar, creando nuevas intrincaciones, o vínculos dramáticos, para los descendientes de la persona que se castiga por amor, o que es atrapada por un muerto necesitado de amor.

Dice Hellinger que es más fácil, más «barato», sentirse culpable que disfrutar de la vida. Es más barato seguir sufriendo y creer que el sufrimiento redime. Es más fácil ponernos cadenas, viviendo la herida de otro, que tomar su propia vida tal y como es y hacernos los únicos responsables de ella.

La compensación arcaica está gobernada por la memoria del sistema, a través de los mandatos parentales y las fidelidades inconscientes a las tragedias, provocando repetición sin fin.

Esta imitación del pasado, transgresión de las fuerzas del amor, provoca que alguien más joven sea inmediatamente tomado al servicio de la reparación de la tragedia o de la exclusión del ancestro, de un modo automático y ciego, reparación que puede extenderse a varias generaciones. En cuanto el vivo se rinda al presente que le ha tocado, su vida dará un salto cuántico y se transformará, creando una onda de transformación que alcanzará a todo su pasado y su presente.

Hasta ahora este mecanismo de compensación arcaica era un mecanismo totalmente ciego, que podía abatirse sobre los descendientes durante varias generaciones, o producirse varias generaciones después de haberse realizado la transgresión del amor. Hoy se podría estar iniciando una suavización de este mecanismo.

Existen varios grados de vinculación con el sufrimiento de los antepasados: podemos encontrar toda una escala, desde la intrincación (vivir en el lugar de un ancestro, dentro de una tragedia no resuelta) hasta la fidelidad (identificación parcial a un sentimiento, una decisión, sistema de valores, enfermedad, etc.).

A continuación, enumero diferentes dinámicas de compensación arcaica:

Podemos estar en una intrincación: estar entrelazado con un evento grave del pasado no acabado, llevando las cargas emocionales o culpas no asumidas de un ancestro.

Por profundo amor, nos hemos podido identificar con un excluido, víctima, perpetrador, etc., hasta tener su carácter o su eneatipo; de modo que, a los meses de salir de esa identificación, nuestro carácter y personalidad cambian.

Podemos simplemente reemplazar a un excluido, olvidado o abortado llevando algunos de sus rasgos.

Podemos haber dicho a un ancestro *«Yo como tú»*, en la enfermedad, en la muerte, en la culpa, etc.

En otras ocasiones, uno ha decidido por amor *«Mejor yo antes que tú»*, *«Yo por ti»*, llevando la culpa, la expiación o la venganza de un ancestro en su lugar.

Otra dinámica más difícil de ver y sanar es la que consiste en estar vinculado a una tragedia colectiva, por la dimensión colectiva de una de las fuerzas del amor; por ejemplo, estar expiando por una culpa colectiva no asumida (el linchamiento de alguien, el sentimiento de culpa de los supervivientes de una catástrofe natural, etc.). Esta culpa colectiva se manifiesta porque el representante está dando vueltas sobre sí mismo o girando en círculo.

La compensación adulta

La compensación adulta, la que realmente necesita el sistema y el destino colectivo, se dará cuando la persona recupere su facultad adulta de asentimiento incondicional a lo que le toca, desde la aceptación, el respeto y la gratitud de lo que hubo: «*Sí, asiento a vuestro dolor y lo dejo con vosotros. Gracias por ser mis ancestros. Dejo el pasado atrás. Elijo sacar provecho de la vida que heredé de vosotros. Vuestro sufrimiento no habrá sido en vano*».

La compensación adulta va a permitir que sigamos sirviendo a la vida, gracias a una evolución, a una adaptación creativa: renunciando a las fidelidades y creando una nueva cohesión, más abierta, con un nivel de desarrollo más avanzado.

Esta compensación adulta se produce cuando el individuo renuncia a hacerse cargo del destino de sus mayores y de los demás, aceptando su vida como es, asumiendo todos los conflictos que la vida le presenta. Por resonancia, todo conflicto resuelto por un vivo sana algo inconcluso de sus ancestros.

Todos actuamos empujados por fuerzas superiores a nosotros mismos. Por lo tanto, solo puede haber solución de un crimen, de una falta o de un sufrimiento infligido a alguien si el terapeuta tiene conciencia de que el culpable es también fiel a su sistema y fue guiado para hacer daño, al servicio del destino colectivo, al servicio de una futura reconciliación que creará el mayor salto cuántico en los sistemas vigentes.

El terapeuta debe aliarse no con la víctima sino con el perpetrador, sentir por él respeto y compasión y a la vez mostrarle la dirección de su responsabilidad: reconocer el daño hecho para asumir el castigo o las consecuencias y la reparación. También le permitirá tomar conciencia de que, a nivel profundo, todo es necesario para la evolución del destino colectivo.

Las frases más liberadoras son (al ancestro perpetrador): *«Te amo»*, *«Yo por mí y tú por ti»*, *«Yo soy yo y tú eres tú»*, *«Elijo la vida»*.

Con estas frases, la persona deja de estar presa de la memoria del campo porque, con su actitud, sin buscarlo, ha creado algo nuevo, ha dejado de imitar. Solo por aceptar la vida como es se ha conectado con la energía creadora. Se ha conectado con la energía de sanación al servicio de lo mejor para todos.

4. Recomendaciones para los ejercicios

La representación de una persona muerta por un vivo que no sabe nada de la primera es un hecho sin precedente. Bert Hellinger es el que dio todo su sentido al hecho de ser poseído por una información real y desconocida, cuyo fin es llegar a una reconciliación y a la paz para los representados y el cliente. Empezó a constelar en 1980 y necesitó veinte años para vislumbrar la dimensión espiritual de las constelaciones, hablando en un primer momento de movimiento del alma, y luego distinguiendo entre movimiento del alma y movimiento del espíritu, siendo el primero el resultado de la conciencia arcaica de la persona, y el segundo, el movimiento del amor mayor que guía a los adultos hacia la reconciliación. Si existe reconciliación existirá también sanación.

La representación es un gran regalo. Nos introduce en el mundo cuántico, no local y atemporal, donde toda información es inmediatamente transmitida, por teletransportación o entrelazamiento, a todos, sea cual sea la distancia o la época. Recibimos información del pasado y nuestras decisiones de hoy actúan sobre el pasado. Entramos en otra dimensión de la vida, tengamos o no conciencia de ello. Otra dimensión donde el antes y el después son simultáneos, realidad mística que el holograma cuántico presente en el campo electromagnético nos permite experimentar, tomando conciencia de que todo está dirigido por Algo más grande, amor en acción, hacia más amor.

Existen dos niveles de representación. Al primero de ellos todos llegan: es una representación psicodramática, con emociones fuertes. Este nivel permite liberaciones emocionales, pero ninguna transformación sistémica de la vida. Solamente si uno se centra más adentro, con disciplina, podrá evitar ser tomado por sus propias proyecciones y por emociones dramáticas, abriéndose a una información más sutil que nos lleva a la fenomenología de las relaciones sistémicas de esta persona con los sistemas a los que pertenece. No todo el mundo es capaz de llegar a ese nivel de representación. Se necesita entrenamiento.

Te ayudará a vivir el movimiento correcto en los ejercicios el haber participado en un taller de constelaciones o en una videoconferencia de Insconsfa.

Antes de realizar un ejercicio, uno se prepara para estar centrado. Puedes hacer una visualización, unas respiraciones o cualquier ejercicio que te haga sentir presente, sereno y centrado.

Durante el ejercicio seguirás totalmente relajado, como en meditación, con la cabeza vacía, esperando solo señales de tu cuerpo. Al principio estás de pie, relajado, con los brazos caídos a cada lado del cuerpo, la mirada perdida, la mente en silencio.

Te mueves solo cuando algo te empuja o te descoloca. No haces ningún movimiento voluntario. Esta es la parte más difícil. Te dejas llevar por una especie de trance, en el que permaneces totalmente consciente, sin emoción y sin intención. Sin drama ni intención, sin deseo ni voluntad propia.

Si percibes una emoción, te centras más. Quédate en silencio, sin respiración ruidosa ni hiperventilación. Si llegas a una emoción dramática, mucho dolor, miedo o enfado y no consigues vivirlo desde el centro, detente. La representación ya no sirve. El psicodrama es muy útil en otro contexto terapéutico, pero aquí impide llegar a los movimientos de sanación de las fuerzas del amor que buscan reconciliar o unir a dos que fueron separados por la vida.

Todo movimiento doloroso de nuestro presente nos muestra una necesidad de más amor. La representación nos mostrará dónde se inició la falta de amor, en nuestra vida o varias generaciones atrás. La sanación será completa cuando se haya podido ir tanto a una antigua tragedia olvidada u ocultada, como al momento presente, en el que la persona necesitará asumir su parte de responsabilidad.

Se puede parar un ejercicio en cualquier momento. El movimiento puesto en marcha sigue vivo en las personas representadas. Tu guía te dirá si es el momento oportuno para terminar.

Para realizar estos ejercicios, no hay periodicidad fija. Cada uno testará lo que le conviene hacer cada día. Se puede repetir un ejercicio con mucho provecho siempre que lo sintamos vivo. Un ejercicio mecánico no sirve absolutamente para nada.

Señales de sanación útiles de conocer: hormigueo, escalofríos, expansión del corazón, mareo en la cabeza.

Las miradas

Ahí donde mire un representante hay alguien, vivo o muerto.

Durante el ejercicio es posible que un representante mire a lo lejos o mire al suelo. Si alguien mira a lo lejos, es que está viendo a un ancestro, por lo que se pone una silla o cualquier objeto allá donde mira, que representará a ese ancestro.

Si alguien mira al suelo, es que está mirando a un muerto, y se colocará un cojín representando al muerto allí donde esté mirando.

Posturas, gestos, movimientos y frases sanadoras

Si el representante de un vivo se tumba en el suelo, está acostado al lado de un muerto a quien dice: «*Yo contigo en la muerte*». El Yo Niño es el que dice eso, desde su amor arcaico incondicional que no se permite estar mejor que nuestros seres queridos. Y gracias a nuestra fuerza adulta podremos decidir ir asumiendo nuestra vida y atrevernos a estar en el éxito, diciendo «*Elijo la vida*».

Pronunciar la frase que se corresponde con el gesto o la postura tiene un profundo efecto sanador. Nuestro ADN registra cada una de estas palabras y las transmite inmediatamente. Tu guía te irá orientando sobre la frase correcta; sin embargo, te ayudará mucho, al principio, utilizar el libro[4] que recopila estas frases.

Los ejercicios los puede hacer uno solo o entre varios. A veces los describo para uno, otras veces para dos, explicando cómo desarrollar el turno de cada uno. Si tienes la oportunidad de hacerlos con otras personas recibirás más información. Es muy bueno comunicarse durante el ejercicio lo que cada uno va sintiendo, pero solamente si estáis bien centrados. La información centrada producirá un efecto, un nuevo movimiento, mostrará algo que estaba oculto o iniciará algo en el otro. Sabréis entonces qué decir o qué hacer.

---

[4] Brigitte Champetier de Ribes: *Las frases sanadoras. El lenguaje corporal y espacial en las constelaciones familiares*, Gaia Ediciones, 2021.

Te sugiero seleccionar cada día el capítulo que te conviene. Aquí tienes la lista:

1. Para empezar
2. Éxito
3. Tomar una decisión
4. Dificultades, dramas y tragedias
5. Conflicto con alguien
6. Para aliviar malestar, dolor emocional
7. Traumas, abusos
8. Salud, signos y síntomas de enfermedad
9. Dinero y abundancia
10. Relaciones
11. Pareja y amor
12. Familia
13. Trabajo, empresa, proyecto
14. Empoderamiento, crecimiento
15. Plenitud: tomar a los padres

Estos ejercicios son poderosas herramientas de cambio al servicio de la vida.
¡Adelante!

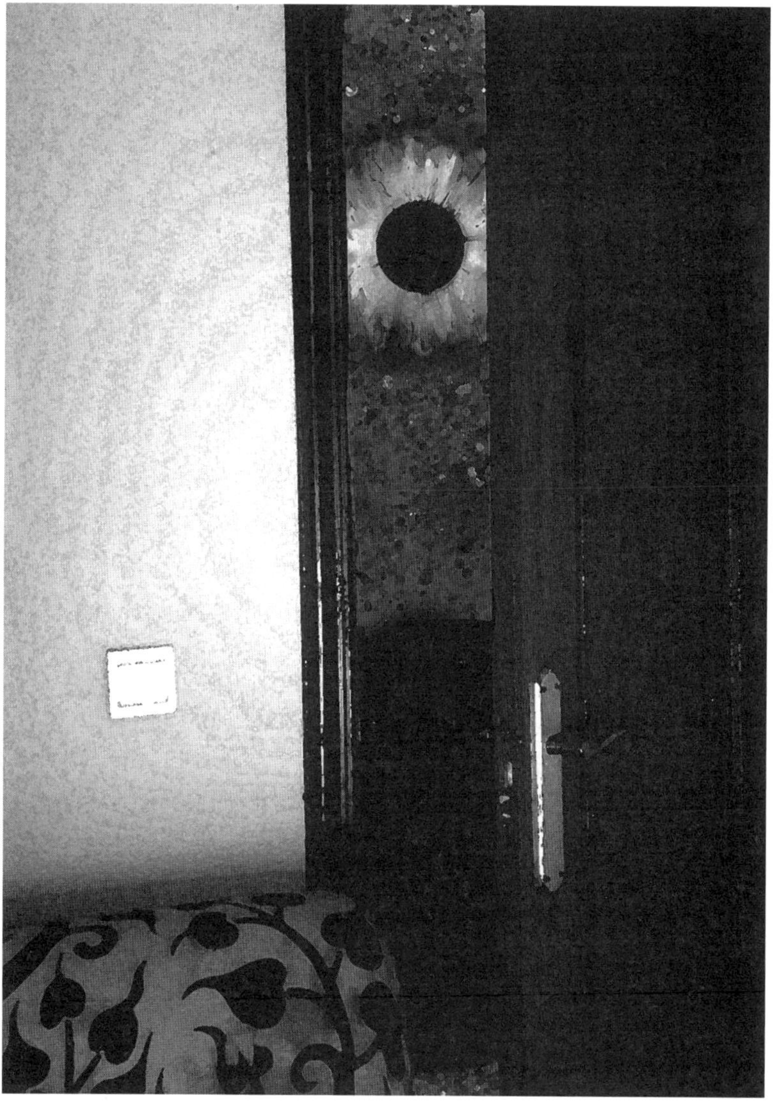

1
Para empezar

En este primer capítulo veremos herramientas y actitudes necesarias antes de ponernos a trabajar. Es por donde hay que empezar, tanto para todos los ejercicios siguientes como para nuestra vida cotidiana. Incluso podría ser suficiente…

Aprenderemos a conectar con nuestro guía interno. Veremos la actitud que la vida requiere, sea cual sea la situación, para que nos acerquemos a más armonía y felicidad y para que los ejercicios produzcan su efecto.

Veremos cómo nuestros pensamientos dirigen nuestra vida e influyen inmediatamente sobre los demás, y sabremos entonces para qué y cómo controlar nuestros pensamientos.

Ordenaremos nuestro cerebro con el fin de dejar los patrones antiguos en el pasado y estar abiertos al cambio que proponen los demás ejercicios.

Empezaremos a practicar el regulador energético de nuestras emociones para poder disponer de toda nuestra energía y estar al mando de nuestra vida.

El primer paso

La actitud requerida antes de cualquier ejercicio es la de conectarnos con la vida como es. Si no estamos en este asentimiento humilde frente a lo que hay, es inútil hacer ninguno de los ejercicios propuestos.

En sí, esta actitud de rendición, o conexión con Algo mayor, es sanadora, y uno de nuestros objetivos puede ser mantenerla en nuestras actividades cotidianas.

Decidimos estar centrados, es decir, en el Yo Adulto, conectados con la realidad, que percibiremos a veces como lo inmediato y otras veces como la presencia. Nuestra postura corporal nos ayuda: erguidos sin rigidez (la columna sigue su curva natural), hombros hacia atrás, brazos sueltos.

Estar en la fuerza

Ver

Llevo la mirada a lo lejos y me abro a Algo mayor.
Espero y me dejo llenar, mirando hacia delante.
Siento mi cuerpo.
Tomo conciencia de mis células, moléculas y átomos. Estoy hecho de partículas y subpartículas llenas de energía, soy más vacío que materia. Algo más grande habita ese vacío, habita mi vacío, me habita.

Me abro a Algo más grande en cada uno de mis átomos, mis moléculas y mis células.

Y con esta presencia miro todo lo que hay, todo, tanto lo agradable como lo desagradable, duro y difícil.

Con amor y humildad

Asentir

Mirando todo lo que compone mi vida: entorno, personas, situaciones, eventos, emociones y objetos, digo *SÍ* a todo, aunque no entienda.

> Miro la vida, el mundo, la naturaleza, todos los acontecimientos.
>
> Digo *SÍ a cada uno, aunque no entienda.* (Todo lo que rechace, por compensación, vivirá en mí).
>
> Me miro como soy, exactamente como soy, y me digo *SÍ, asiento a como soy, asiento a mi carácter y mis limitaciones. Soy como soy.*
>
> De esta manera, estoy en el Yo Adulto, conectado, viviendo el amor en acción, que se reconoce por su fuerza y el asentimiento a todo.
>
> Nota: Puede que, en algún momento, surja una imagen perturbadora. Entonces, simplemente, la pintamos de blanco. Al cabo de unos segundos vamos a tener una respiración profunda: esta escena ha cumplido su misión y desaparecerá de nuestra mente. En vez de frenarnos, ahora nos ayuda a estar en lo mejor de nosotros mismos.

El guía: la sensación interna

Todos los seres vivos tienen un guía biológico. Los biólogos lo llaman «instinto de propósito de la célula». En el mundo de la terapia corporal es conocido como test muscular, y en PNL, como «señal ideomotora».

Las células están animadas por dos movimientos que les avisan en cada momento de si están tomando la buena dirección para su supervivencia o no, para cumplir con su función o su misión. Desde la ameba, nuestra mayor antepasada, todas las células de los seres vivos tienen dos movimientos base: uno de expansión y otro de contracción.

En el modo expansión, las células se abren al entorno activando todas sus funciones vitales de nutrición, reproducción y relación. En cuanto se presenta un peligro, la célula pasa al modo contracción, en el que para sobrevivir se contrae sobre sí misma, intentando hacerse invisible y sobrevivir ahorrando toda su energía gracias a la restricción máxima de sus funciones vitales: deja de nutrirse y respirar, deja de reproducirse, deja de relacionarse.

En nosotros, los seres vivos llamados superiores, la presencia de este guía se sigue manifestando de la misma manera que en todos los seres multicelulares o unicelulares.

Podemos observar que a veces nos sentimos relajados, con amplia respiración, fuerza, seguridad total, sonrisa interior, comodidad interna y bienestar, especialmente en el tronco. Con sensación de caricia interna y de apertura confiada y segura, de estar en casa, en intimidad con uno mismo y con el entorno.

En esos momentos todas nuestras células nos dicen *«vas bien», «sigue así», «sigue con ese pensamiento o ese acto»*.

Y en otras ocasiones nos sentimos contraídos, angustiados, alertas, estresados, con respiración mínima o pocas ganas de comer. Y nuestras células nos están diciendo *«no sigas», «por ahí no», «ese pensamiento, esa creencia o esa emoción no»*.

Este movimiento, este GPS, existe en nosotros desde nuestra concepción. Las células tienen estructura de antena y nos conectan al cosmos. Según estemos en el sí a la vida o en el no, la antena nos conecta con más vida, con el campo fuente y todas las ondas de nuevas posibilidades, o se orienta hacia el pasado, conectándonos con las ondas de probabilidad de repetición de ese pasado[5].

No estamos solos, algo nos toma de la mano y nos indica el camino, algo que sabe más que nosotros e incluso que lo sabe todo de la vida...

---

[5] Véase el vídeo sobre la investigación de P. Gariaev: https://www.youtube.com/watch?v=dS_zLLDHaOw&feature=youtu.be.
Léase David Wilcock: *El campo fuente*, Arkano Books, 2011.

¡Aprender a reconocer estas señales es tener el mando de la sintonía con la vida!

Sea cual sea la situación en la que estemos, podemos volver a conectarnos con el modo expansión que desea por nosotros nuestro guía, tomando conciencia de lo que acaba de provocar la contracción: pensamiento, decisión, acto o emoción…

¿Cómo llegar entonces al éxito y a esa felicidad que permanece, para utilizar palabras de Bert Hellinger? Estando en todo momento a la escucha de nuestro guía, es decir, de nuestras sensaciones internas, que son las que nos guían en el proceso del éxito que nos corresponde, informándonos en cada momento de nuestra sintonía con nuestra meta.

Preguntaremos a nuestro guía para poder saber si algo es adecuado y conveniente o no, si tenemos permiso de hacer algo, qué ejercicio elegir y cuándo hacerlo.

Necesitamos adquirir la disciplina de cumplir con su información. Esta purificación va acompañada de mucho crecimiento y de regalos continuos del universo.

Preparación

1. Sentado o de pie, afirmas «me llamo (tu nombre)» y observas tu pecho. Ahora afirmas que tu nombre es otro y de nuevo observas tu pecho. Tu pecho se ha expandido para decirte SÍ y se ha contraído para decirte NO. Puedes seguir haciéndote preguntas de las que sabes la respuesta y, de ese modo, aprender a observar la respuesta de tu guía.

2. Ahora te propongo otras dos formas de diálogo con el guía, más rápidas. La más sencilla es utilizar todo tu cuerpo como un péndulo. Sentado o de pie, haces las mismas preguntas que antes y observas cómo responde

tu cuerpo. Así podrás identificar qué movimiento de tu cuerpo significa SÍ y cuál NO.
3. Ahora te ofrezco otra manera de dialogar con el guía, más sutil, rápida y discreta. Vas a pedir a tu inconsciente que traslade este movimiento celular a tus dedos, pidiendo que el SÍ se marque con un movimiento de un dedo de la mano derecha, y el NO con un dedo de la mano izquierda.
4. Elige uno de los tres métodos anteriores para dialogar con tu guía, incluso le puedes preguntar cuál es el mejor para ti. Y practicas y practicas, hasta que ese diálogo se haya vuelto totalmente fluido y habitual.

Uso

Prepara tu pregunta. Tiene que ser formulada de un modo sencillo y claro. La respuesta solo podrá ser sí o no.

Es conveniente que las primeras preguntas sean:

«¿Ahora puedo preguntarte?». Si es un NO, será que necesitas centrarte más. Hazlo y vuelve a preguntar.

«¿Puedo hacer esta pregunta?». Si la respuesta es extraña, poco a poco irás comprendiéndola. Puede que la pregunta esté mal planteada. O puede ser que no tomes en serio las respuestas del guía. En ese caso, él tampoco te tomará en serio.

Actúa según lo marca tu guía.

Si no percibes a tu guía

Tanto si nunca has conseguido percibir a tu guía, como si actualmente has perdido el contacto con él, te ayudará observar cuál es la causa de esta desconexión contigo mismo, pues el guía no es más que una parte de ti, una parte muy sabia.

> Te situarás alternativamente en ti mismo y en el guía, dando tiempo a cada uno para que complete su movimiento. Si uno de los dos, o los dos, están mirando a otro lugar, significa que en ese lugar hay alguien, lo más probable es que sea un excluido que necesite ser visto e incluido con amor, aunque no sepas quién es.
> Te dejarás guiar por todo lo que el guía mire o muestre. Hasta que el guía se acerque de nuevo a ti y tú lo aceptes.

El poder de los pensamientos

El universo se pone al servicio de nuestros pensamientos. Con ellos creamos nuestra calidad de vida presente y preparamos nuestro futuro y el de la humanidad.

Con este ejercicio vas a comprobar el efecto de cada uno de tus pensamientos sobre ti mismo y sobre todo y todos los que nos rodean. Realmente somos uno con todo y todos.

> Primero vamos a realizar una prueba. Imagina tres lugares: Tú 1, Tú 2, Todos los demás.
> Desde Tú 1, di en voz alta una frase negativa que te suelas decir e, inmediatamente después, ponte en Tú 2 y luego en Todos los demás, para ver cómo reaccionan a ese pensamiento.
> La frase negativa puede ser parecida a estas, lo importante es que sea una que suelas decirte:
>
> *Tengo que...*
> *Esto es demasiado bueno para mí.*

No seré capaz.
No lo voy a conseguir.
Seguro que acaba mal.
Yo no tengo suerte.
Me da vergüenza.
Estoy tan mal.
Odio esta enfermedad, odio estar mal.
Solo me ocurre a mí.
No me lo merezco.
Hace demasiado calor, frío.
Qué incómodo es esto.
A mí no me gusta.
Qué aburrimiento.
Estoy harto de la situación.

Ahora, de nuevo en Tú 1, con el mismo tono negativo, di una frase positiva y verifica el efecto sobre los otros dos.

Aquí te das cuenta de que el tono de la emoción es secundario, lo efectivo han sido las palabras y la carga emocional, cualquiera que haya sido la emoción. El papel de esta es simplemente el de ser un motor que propulsa el pensamiento con fuerza.

Ahora vas a verificar el efecto de tus pensamientos positivos sobre ti mismo y sobre los demás.

Escríbelos antes de pronunciarlos para luego seleccionar los que mejor efecto hayan tenido sobre Tú 2.

Te propongo unas ideas:

Es como es.
Sí, puedo.
Estoy bien.
Confío y me entrego.

Me divierto.
Me amo como soy.
Asiento a la vida como es, aunque no entienda.
Gracias por mi vida como es.
Amor.
Gratitud.
Alegría.
Paz.

Cada día puedes elegir una de estas frases o palabras para repetirlas, impidiéndote así la distracción, los pensamientos negativos o el diálogo interno. Tu guía te dirá exactamente de qué frase o palabra se trata, pues para cada día solo hay una oportuna. Confía en tu guía y te sorprenderá.

Cuando te venga un pensamiento negativo que te hace daño, primero dale las gracias porque en un principio te sirvió para salir de un momento difícil. Luego imagina a un ancestro excluido al que dijiste *«Yo cómo tú»* y ahora le dices *«Tú por ti, yo por mí. Te amo»*.

Y añades: *«Asumo mi responsabilidad, asumo que yo he decidido pensar esto»*.

A continuación, pronuncias con determinación un pensamiento sanador.

Es nuestra responsabilidad para con nosotros mismos y la humanidad.

Los pensamientos creadores de nueva realidad

Los tres pensamientos/emociones más elevados son la gratitud, el asentimiento y el amor. Son los creadores de nueva realidad. Cuando el pensamiento tiene una frecuencia elevada produce una emoción muy poderosa que nos conecta con una onda de nueva posibilidad.

1. *Gratitud*

En la gratitud, pensamiento, emoción y acción son uno.

El pensamiento desencadenante es reconocer y agradecer lo que otro nos da, tomarlo o recibirlo.

La gratitud se experimenta como expansión del corazón por un regalo de la vida. Se vive como un recibir más allá de lo esperado, que nos inunda hasta desbordarnos hacia otro nivel. Es la puerta al amor espiritual.

La gratitud nos lleva a amar, a querer compensar lo recibido, a desear hacer algo con lo recibido.

A la gratitud la acompañan la felicidad, el respeto total al otro como es y el crecimiento del amor y de la conciencia.

Crea salto cuántico.

Es el final de todo proceso completo (procesos de reconciliación, dar y recibir, recibir y hacer un daño, enfermedad, etc.).

2. *Asentimiento*

El asentimiento provoca humildad, confianza y entrega, llevándonos a actuar al servicio, o hacer lo que hasta ahora uno se resistía a hacer.

Es apertura implícita a otra dimensión de la vida. Reconocemos que se trata del asentimiento adulto y no de la sumisión del estado Niño porque inmediatamente provoca entrega y acción benéfica para todos, mientras que la sumisión justificará nuestra pasividad.

3. *Amor*

Amor, compasión, bondad, generosidad o respeto incondicional son apertura total a otro u otros como son, son tomar a cada uno como es. El amor es la emoción con la vibración más alta. Es amor actitud, amor en acción, amor a cada uno como es; no amor emocional que divide la realidad entre lo que me gusta y me atrae y lo que no me gusta ni me atrae.

Es un estado del ser que es percibido como bondad. Es contagioso y expansivo.

El amor es sanador.

Aplicación cotidiana

Convierto estos pensamientos/emociones en una actitud permanente repitiendo durante el día alguna de estas frases creadoras de nueva realidad:

Veo, tomo y agradezco lo que me das.
Gracias a todo por ser como es.
Gracias por ser como eres.

Sí, asiento.
Me rindo.
Sí, es así.
Eres exactamente como tienes que ser.
Soy así.

Te tomo como eres.
Te amo.
Me tomo como soy.
Me amo.

Ordenar nuestra vida

Poderosa herramienta que nos libera de los patrones pasados y dinamiza el momento presente. Se puede repetir después de haber vivido algo importante que tarda en hacerse pasado[6].

1. **Elegir primero una acción sencilla, «neutra»,** que repites todos los días de tu vida, como lavarte los dientes, andar, etc.

2. **Observar la localización de las imágenes.**

Presente:

Recuerda o imagínate hoy haciendo esta acción. ¿Dónde está la imagen, aunque sea vaga?
Con tu mano señala dónde ves la imagen: delante de ti, cerca, lejos, a la derecha, a la izquierda, detrás de ti, dentro de tu cuerpo, etc.

Pasado:

Ahora imagina que te acuerdas de ti realizando esta acción hace una semana. ¿Dónde está la imagen del recuerdo?
Con tu mano señálala en el espacio.
Ahora imagínate hace un año haciendo esto. ¿Dónde está la imagen?
Ahora imagínate hace diez años, luego hace veinte años, luego en tu adolescencia, luego en tu infancia. ¿Dónde está cada imagen?

---

[6] Adaptación de la herramienta comentada en *Cambia tu mente para cambiar tu vida... y conserva el cambio. Nuevas submodalidades en programación neurolingüística*, de Steve y Connirae Andreas, Gaia Ediciones, 1987.

Adaptas estos plazos a tu vida para cubrir cada etapa importante.

Futuro:

Ahora imagínate dentro de una semana con esta acción. ¿Dónde lo ves?

Haz lo mismo para dentro de un año y dentro de cinco.

3. **Cambiar el orden de tu vida.**

Observa cómo tu cerebro ha organizado todos tus recuerdos e imágenes como en una cinta de película que da vueltas en el espacio alrededor de tu cuerpo.

Cambiar esta organización mental de tu vida, realizada por nuestro cerebro, significa una modificación muy profunda que va a rectificar todo el equilibrio conseguido gracias a nuestras adaptaciones, protecciones, resistencias y fidelidades.

Lo haremos, pues, con sumo cuidado. Y el resultado será una sorprendente liberación que observaremos a corto o medio plazo.

Estaremos atentos a cualquier molestia que se presente, será la señal de que no lo podemos dejar como está y seguiremos las propuestas indicadas para mejorar la sensación.

Agradecer lo que hay

Di lo siguiente:

> *Honro la organización actual de mi vida.*
> *Le doy las gracias por ser como es.*
> *Pido respetuosamente a mi inconsciente (o guía, o energía superior, o…) que guarde en un lugar*

seguro y totalmente disponible todos los aprendizajes que hice gracias al orden actual de mi vida, de modo que pueda utilizar estos aprendizajes cada vez que los necesite, gracias.

Se espera unos cuatro o cinco segundos.

El proceso

Imagina todas estas imágenes como fotos en una única cinta, que empieza donde tu nacimiento en el pasado y acaba en tu muerte, allá en el futuro.

Observa todas las vueltas que da la cinta.

Ahora, si eres diestro[7], levanta el brazo izquierdo a la horizontal hacia la izquierda y di a tu inconsciente:

> Querido inconsciente, ordena toda mi vida del modo más cómodo y productivo para mí, para mi mayor bien y desarrollo.
>
> Por ejemplo, poniendo todo mi pasado a lo largo de mi brazo izquierdo y más allá, y mi futuro, delante y hacia la derecha.

Ahora, mira (sin ver ninguna imagen en especial) tu pasado a la izquierda y tu futuro delante, durante unos segundos, para observar cómo te sientes. Tienes que conseguir estar totalmente cómodo con el cambio.

Si notas un malestar, aunque sea ligero, pide lo siguiente a tu inconsciente:

> Querido inconsciente, adapta esta reorganización con la mayor flexibilidad y creatividad para mi mayor bien.

---

[7] Si eres zurdo, pregunta a tu guía si sigues estas instrucciones o haces exactamente lo contrario: sustituyendo la derecha por la izquierda y viceversa.

Si aún te sientes incómodo, pide a tu inconsciente que ponga los recuerdos desagradables en blanco y negro y muy pequeños, y los recuerdos buenos, con color, luz, grandes y, si es necesario, más a la vista.

4. **Mejorar la percepción de nuestra vida.**

    Da una nota de 0 a 10 al pasado, al presente y al futuro.

    Ahora vamos a realizar cambios de percepción para que la nota llegue al máximo que hoy puedes alcanzar.

El pasado:

Míralo con profundo respeto, aunque hoy todavía no entiendas todo. Lo que aún te duele puede estar muy alejado para sentirlo menos. Da las gracias a todo lo que puedas, sabiendo que todo te ha transformado en la persona que eres hoy.

Llénalo de un color salmón, o de otro color si te es más agradable. Y evalúa la sensación que ahora te produce tu pasado, de 0 a 10.

El futuro:

Observarás que se ha modificado solo. Conviene que el futuro esté en el campo visual derecho.

Es como una línea o un camino del que no ves el final.

Su representación es más imprecisa que la del pasado, puede contener obstáculos que se respetarán.

Se introduce todo lo que lo puede volver más atractivo: profundidad, luz, colores, calor, sonido o música, olor o perfume, paisajes.

Evalúa la sensación que ahora te produce tu futuro, de 0 a 10.

El presente:

Por fin se vuelve a la imagen del presente delante de nosotros.

Es como una gran pantalla que pones a la distancia más cómoda. Modificas la imagen para que resulte lo más grande, luminosa y atractiva posible: cambias los colores, pones la imagen quizás un poco difuminada, o al revés, muy clara, introduces calor, aire, algo en movimiento, sonido, olor, también objetos, paisajes, personas, como en un *patchwork*. Hasta que resulte lo más atractivo, estimulante o esperanzador posible.

Observa que tu pasado ya no está delante de ti como antes, ya no se impone. Tu presente ya puede ser totalmente creativo. Y cuando necesitas algún recurso, tú mismo decides mirar hacia ese pasado y lo que te enseñó.

En cuanto a tu futuro, se ha liberado también. Y cuando miras tu presente ves de reojo el futuro, como un estímulo, como lo que te impulsa hacia delante.

Evalúa la sensación que ahora te produce tu presente, de 0 a 10. Y te quedas con esa sensación.

El ejercicio ha terminado.

5. **Para comprender los cambios.**

A menudo un momento duro del pasado se quedó en frente de nosotros, en la zona del presente, porque había mucho que aprender de ese momento. Pero esto hacía que tendiéramos a repetir ese momento.

Para otros la adaptación a algo difícil se hizo enterrando en el suelo el recuerdo o la etapa correspondiente. O bien ocultándola detrás de nosotros. Fue un modo de protegernos, pero nos impidió todo aprendizaje de esa etapa.

> Otros momentos fueron vividos de un modo tan intenso que el recuerdo aún estaba dentro del cuerpo: imposible tomar distancia de ellos, imposible abrirse a algo nuevo, estábamos llenos de ese pasado.
>
> Quizás el futuro, en vez de estar a la derecha, estaba a la izquierda, como algo que ya pasó. O sea, no tenías futuro.
>
> O bien el pasado estaba en la zona derecha, invadiendo el futuro: nuestro futuro era repetir el pasado.

Regulador energético de emociones y traumas

Las investigaciones sobre traumas nos dicen que la incapacidad para superar un acontecimiento se debe a una perturbación energética, no al acontecimiento en sí. El ser humano está dotado de una increíble capacidad de adaptación, superación y crecimiento, que puede ser bloqueada por una perturbación ajena a nosotros que nos impide utilizar nuestros recursos.

En sistémica, sabemos que un evento se torna en trauma cuando la persona está trabada con un ancestro que vivió algo parecido y no lo pudo integrar.

Este ejercicio nos va a permitir utilizar todos nuestros recursos, liberando la energía retenida y dándonos la fuerza de soltar el pasado con su intrincación.

Nuestra experiencia nos ha permitido observar que muchas de nuestras disfunciones, estrés, duelos o angustias se resuelven o disminuyen con estos ejercicios de regulación energética. Después podrás hacer el ejercicio sistémico que corresponda con más fluidez.

Las resistencias que se manifiestan tras una terapia o una constelación también desaparecen rápidamente con esta técnica.

Cómo actúa: los puntos estimulados son los extremos de los meridianos de acupuntura. La estimulación va a permitir que el exceso de un meridiano se regule con la carencia del meridiano contiguo.

El desequilibrio energético desaparece en unos minutos, permitiendo el acceso a tomas de conciencia y emociones primarias reprimidas, que al liberarse sin dramatismo dejan lugar a una gran energía, con paz y alegría de vivir.

Este sencillo ejercicio, practicado de modo regular, permite resolver traumas graves en unos meses.

Práctica del ejercicio

Elige, con la ayuda de tu guía, un malestar o una perturbación mental, psíquica o física.

Lo primero es evaluarla, como lo explica el punto 1.

1. **Evaluar el estado de ánimo o el nivel de la perturbación emocional** de +10 a −10.

    Si la molestia o perturbación es muy fuerte será un −10, si es ligera podrá ser un −2 o un −3. El nivel 0 sería un estado neutro, ni desagradable ni agradable.

2. **Estimular la fuerza interna reconociendo la perturbación.** Mira con amor y agradecimiento la perturbación diciendo *«Aunque no entienda, agradezco tu presencia»*.

    Luego, repite tres veces esta afirmación: *«Aunque no entienda, agradezco... (la perturbación), me quiero y me acepto profunda y completamente»*. Conforme repites la afirmación vas frotando suavemente el punto de dolor (PD) o dándole golpecitos.

PARA EMPEZAR 55

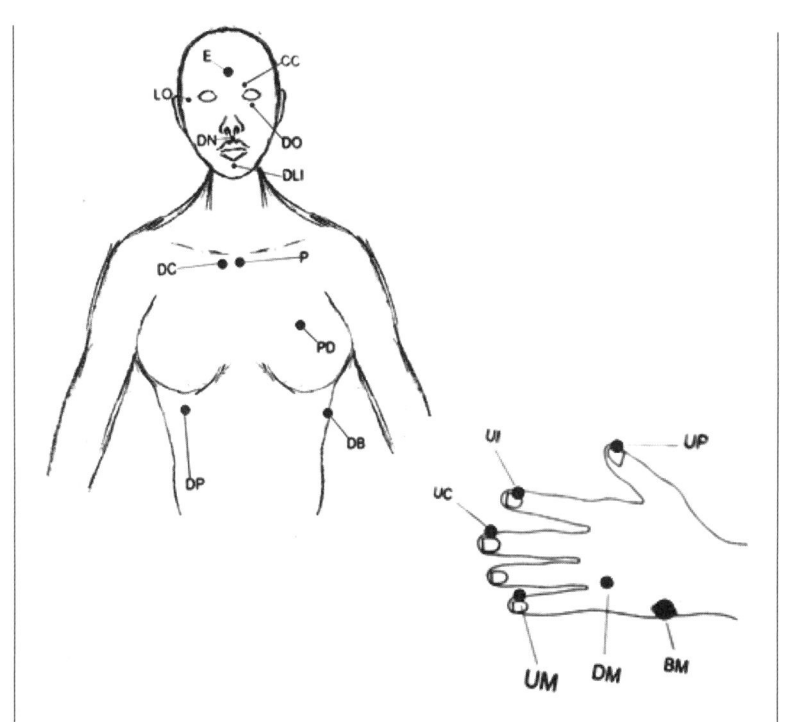

- CCeja, secuelas emocionales, falta de ambición, estancamiento.
- LOjo, rencores, rabia y odio, necesidad de venganza.
- DOjo, preocupaciones obsesivas, dependencias, vacío.
- DNariz, timidez, vergüenza, temor para afirmarse.
- DLInferior, culpabilidad, remordimiento, desolación, tormento.
- DClavícula, miedos, pánico, desbordamiento y agitación, fobias.
- DBazo, prohibiciones internas, aburrimiento, amargura, derrotismo, convencionalismo.
- DPecho, frustración, confusión, irresolución, estrechez mental.
- UPulgar, tristeza, impotencia.
- UÍndice, culpa, no soltar.
- UCorazón, sensación de falta de control.
- UMeñique, autocrítica, cólera.
- BMano, falta de discernimiento, pensamientos negativos, miedo al éxito o al fracaso.

3. **Estimular los puntos.** Puedes seleccionar los puntos (con tu guía) que vas a necesitar para esa emoción o utilizarlos todos en el orden indicado. Los puntos se estimulan dando suaves golpecitos con las yemas de dos dedos en cada uno, mientras te centras en tu sensación corporal. Cuando se produce una respiración profunda pasas al punto siguiente.

4. **Volver a evaluar la perturbación** y repetir la secuencia anterior hasta que se acerque al 1 o al cero.

   La primera sensación negativa suele ser sustituida por otra emoción dolorosa que estaba escondida detrás de la primera y pide ser atendida ahora. Por lo tanto, en ese momento, habrá que trabajar con esa nueva emoción dolorosa con los puntos energéticos, de la misma manera que lo has hecho con el malestar anterior.

   Al final, la sensación negativa habrá dejado paso a una nueva sensación de fuerza, de alegría o de paz, acompañada de tomas de conciencia liberadoras y nuevas creencias.

   Cuando te sientas saneado o juzgues que es suficiente por ahora, pasa al punto 5.

5. **El procedimiento de nueve rangos.**

   Una vez que haya desaparecido o mejorado mucho la perturbación emocional, conviene grabar esta nueva información. Para ello utilizamos una estimulación neuronal de todo el cerebro, como nos lo han enseñado los últimos desarrollos cognitivos (de la PNL al EMDR).

   Vamos a dar golpecitos en el dorso de la mano (DM), extremo del triple calentador, que permite una grabación en los tres cerebros (reptil, límbico y cortical), mientras realizamos cada una de estas nueve acciones sin mover la cabeza:

(1) Cerrar y abrir los ojos.
(2) Ojos abajo, subiendo despacio hasta arriba.
(3) Ojos abajo, centro. Van hasta la derecha.
(4) Ojos abajo, van hasta la izquierda.
(5) Girar los ojos en círculo.
(6) Girar los ojos en sentido contrario.
(7) Tararear dos segundos el tema de una canción.
(8) Contar rápidamente del 1 al 5.
(9) Tararear dos segundos el tema de una canción. (Nota: Cuando decimos tararear, nos referimos a cantar la melodía con la boca cerrada o hacerlo a base de «ta-ra-ra-ra-ra»).

Ahora, de nuevo das golpecitos en el dorso de la mano (DM), mientras respiras profundamente tres veces, repitiendo a la vez «Estoy bien».

Se repite toda la secuencia tres veces.

6. **Anclaje de los puntos energéticos básicos.** Presionar repitiendo «Estoy bien»: entrecejo / debajo de la nariz / debajo de la boca / 2 cm debajo del hueco entre las clavículas (timo).

Nota: Véase www.emofree.com, con descarga gratuita del libro en español sobre EFT de Gary Craig. Consúltense también *Toques mágicos*, de Fred Gallo, Obelisco, 2005; *MET. Mejoría inmediata*, de R. Franke, Sirio, 2009, o *La energía de la creencia*, de Sheila Sidney, Obelisco, 2011.

2
Éxito

El éxito

La fuerza que orienta el universo al servicio de tu éxito nace de tu alegría de vivir lo que hay.
El éxito se da en cada paso de tu vida. Tu nacimiento es tu primer éxito.
Si tienes gratitud, el próximo paso será otro éxito, mientras que dar por supuesto que esto iba a salir bien, sin gratitud, es soberbia y aleja el siguiente éxito[8].
Todos buscamos conseguir lo que nos proponemos. El éxito es lo que buscamos todos. Lograr un objetivo. Y muchos lo buscan en el futuro. Entonces, el éxito se quedará en el futuro sin llegar nunca al presente.
Sin embargo, el éxito forma parte de nuestra vida cotidiana. Si tomo conciencia del paso exitoso que acabo de dar, el próximo paso se tornará más brillante y más evidente, y me emplearé con alegría y fuerza para disfrutar de cada desafío que la vida me presente y todo se transformará en éxito.
En la vida todo es energía; por lo tanto, nos entregamos a los movimientos de esa energía, que tienen un fin que desconoce-

---

[8] Vadim Zeland: *Reality Transurfing I: El espacio de las variantes*, Obelisco, 2010.

mos. Si nos ponemos en concordancia con la realidad tal cual es, experimentaremos que podemos, dentro de esta realidad, alcanzar un deseo vital. «El deseo más profundo siempre está cumplido»[9].

Solemos tener una meta, es decir, una dirección, un compromiso, un camino. El éxito no está al final del camino, es el mismo camino, es cada paso del camino hacia la meta. Pasos vividos como entrega al compromiso que exige de nosotros nuestra meta.

Desde mi sintonía con todo como es, me veo con energía, decisión, perseverancia, entrega total al objetivo que me ha sido regalado, sea cual sea el esfuerzo requerido. Sé que, con esta meta como atractor, vivo a fondo el presente. Sudor, ahínco, trabajo y tiempo son ofrecidos con determinación. Cada paso me acerca al objetivo y es una fiesta interior que alienta más mi proceso creativo. Cada paso realizado es éxito. Cada momento vivido en el presente es éxito.

Estar en el éxito depende enteramente de nuestra mirada: si tengo la mirada en el pasado, añorando, comparando, esperando la realización de una ilusión nacida en el pasado, todo me sabe a fracaso, me quejo o me deprimo y mi vida se vuelve cada vez más árida.

Si estoy en el presente, soltando el ayer, aprecio cada nuevo momento de este ahora y agradezco lo que la vida me ofrece de instante en instante.

Somos proyecto

Somos proyecto y servicio a la vida. Mientras vivimos somos proyecto y servicio.

---

[9] Bert Hellinger: *Pensamientos divinos. Sus raíces y sus efectos*, Rigden Institut, 2004, p. 193.

ÉXITO

En el periodo que rodea la concepción, totalmente entregados a las necesidades de todos los anteriores a nosotros, empezamos siendo proyecto para nuestro sistema familiar y, consecuentemente, para la humanidad. Luego, cuando los padres descubren el embarazo, ya somos su proyecto, la materialización de su proyecto de pareja o de familia, su modo de servir a la vida.

Y cuando crecemos, nuestros proyectos, nuestro proyecto de vida, son nuestra continuación, son la materialización de nuestra presencia en el mundo, son la expresión de nuestro servicio a la vida.

Servir a la vida, ¿cómo se hace? Viviendo, amando, trabajando, teniendo familia, ayudando a otros a vivir. Dar a la vida y dar a los demás es devolver lo que nuestros padres nos dieron e hicieron por nosotros. Nos giramos hacia lo nuevo y nos ponemos a su servicio con éxito.

Ese éxito deviene en plenitud.

Nuestros deseos son un motor necesario, pues nos llenan de energía. Pero tendremos que tener en cuenta lo siguiente: en nuestra juventud nuestros deseos y objetivos, todavía muy cercanos al pensamiento mágico, dirigen todas nuestras decisiones. Con la madurez, descubrimos que la vida nos lleva hacia otra dirección. Necesitamos soltar los patrones e ilusiones que nos animaban. Son las necesidades de nuestro sistema familiar, a su vez al servicio de otros sistemas mayores, las que van a determinar nuestro futuro. Nuestro éxito viene de cumplir estos propósitos.

Nuestro sistema familiar, todas las generaciones anteriores a nosotros y el holograma del universo necesitan el cumplimiento de nuestro proyecto. El universo necesita y apoya nuestro éxito.

La fuente del éxito reside en asentir a la vida como es y tomar incondicionalmente a la madre.

Asentir a la realidad

La primera fuerza del amor es el asentimiento a todo como es, sintonizándonos con la vida como es. Es la gran fuerza que rige el universo. Pide respetar y agradecer a cada uno y a cada cosa por existir tal y como es, tal y como ha sido pensado y creado dentro del destino colectivo.

Estar en sintonía con la vida crea fuerza, paz y armonía internas, vivimos con creatividad y levedad, nuestra capacidad de adaptación se multiplica, el drama desaparece de nuestras vidas y vivimos todas las emociones primarias que, a su vez, nos llevan a una acción eficaz y certera.

El fluir con la vida nos impulsa automáticamente a estar en el agradecimiento y, simultáneamente, nuestro alrededor se vuelve exitoso y abundante.

Nos entregamos al baile del universo, bailamos con él y él baila con nosotros.

Vas a imaginar a la realidad delante de ti.

Lo más centrado posible, observa cómo reaccionas delante de la realidad.

Luego, representa a la realidad sintiendo que tú estás delante de ella. Observa cómo se transforma conforme la vas aceptando como es.

Vas alternativamente de un lugar a otro. Hasta poder llegar a respetarla exactamente como es.

La realidad es nuestra maestra.

Tomar a la madre

Tomar incondicionalmente a nuestra madre permite que el éxito, la salud, el amor y la abundancia fluyan en nuestra vida.

Es mejor que este ejercicio sea corto, menos de diez minutos. La interrupción dinamizará esta relación con la madre. Y se puede retomar dejando pasar un mínimo de diez días. También es muy recomendable hacer seguidos los dos ejercicios, tomar a la madre y tomar al padre.

Es un ejercicio potente e importante. Tomar a la madre es un largo proceso de purificación, supone mucha renuncia del ego y es el punto de partida del desarrollo espiritual. Es muy útil repetir este ejercicio a menudo, dando cada vez nuevos pasos.

Dos personas, A y B.

Primer turno:

A dice: *«Tú haces de mí y yo hago de mi propia madre en toda su grandeza de madre»*.

Durante un minuto A observa lo que está ocurriendo. Luego cambian de roles. A dice: *«Ahora hago de mí mismo y tú (B) representas a mi madre»*. Cada uno comparte lo que ha sentido.

Se ponen el uno enfrente del otro a unos dos o tres metros de distancia. La madre no se mueve y espera a que su hijo se le pueda acercar. Si el hijo se siente bloqueado o más grande que su madre o va muy rápidamente hacia su madre, deberá ponerse de rodillas, con la cabeza en el suelo, incluso quizás tumbado bocabajo, hasta poder acercarse con autenticidad y humildad y abrazarla.

En el momento del abrazo, la madre observará en qué hombro recuesta la cabeza su hijo o hija. Si es en su hombro derecho, con firmeza lo volverá a alejar (pues este hombro es el de los iguales), para que de nuevo la honre y pueda abrazarla espontáneamente con la cabeza en el hombro izquierdo.

B en todo momento informa a A de lo que va sintiendo, sin perder su centramiento.

Segundo turno:

B sustituye a A y sigue los pasos descritos anteriormente.

Ver a la madre desde el adulto

Solemos relacionarnos con nuestros padres como cuando éramos criaturas, necesitados de su aprobación. Esto es muy acentuado con nuestra madre. Hemos anclado unas pocas imágenes de ella en momentos difíciles y desde entonces vemos la vida a través de estas imágenes, es decir, a través de las gafas de nuestra madre estresada.

Este ejercicio nos va a permitir percibir a nuestra madre de adulto a adulto.

Una sola persona.

Estamos con los dos pies en el suelo, con la espalda recta, sosteniéndonos a nosotros mismos, desde el adulto.

Y nos abrimos al momento presente, nos abrimos a Algo más grande, y, a través de la mirada de ese Algo más grande, miramos a nuestra madre...

Hoy vemos su sufrimiento, sus miedos y su rabia..., y nos damos cuenta de que en la infancia le dijimos: «*Yo los llevo por ti*», o «*Yo los llevo contigo*», «*Mamá, llevaré tu dolor, llevaré tu ira y tus miedos*».

También nos damos cuenta de que estábamos mirando a nuestro padre a través de los ojos de nuestra madre, a través de sus ojos de niña necesitada.

Y hoy puedo decir a mi madre: «*Hoy he crecido, tu dolor terminó hace mucho, tu miedo y tu ira terminaron hace mucho*», «*Tú eres tú y yo soy yo*».

Y ahora puedo mirar directamente a mi padre: «*Papá, ahora te veo*», «*Yo, adulta o adulto, te veo como mi padre*», «*Ahora os veo a los dos, a los dos a la vez, a los dos como la fuerza que me engendró..., y tengo tanto que devolver todavía..., que ahora os dejo con vuestra vida y yo me voy a mi vida..., y agradezco a la vida darme la oportunidad de devolver lo que mis padres me dieron*».

Crear un anclaje

La PNL nos ha enseñado con brillantez cómo modificar un estado de ánimo. Con mucha facilidad podemos estar en la actitud que necesitamos, como estar en calma, tener alegría, sentirnos fuertes y creativos, etc., utilizando un reflejo condicionado que traiga inmediatamente ese estado de ánimo a nuestra realidad. Vamos a aprender a crear estos reflejos condicionados en las líneas siguientes.

1. **Definir el estado de ánimo que deseamos vivir.**

   En función de nuestra necesidad actual, decidimos el estado de ánimo que más necesitamos: calma, seguridad, confianza en uno mismo, éxito, cariño, etc.

2. **Elegir el gesto que servirá de ancla.**

   Decidimos qué gesto nos va a servir de ancla. Tiene que ser discreto, nuevo para nosotros, y con una cierta fuerza muscular: presionar el pulgar y el meñique, presionar con la uña del índice una parte del pulgar, presionar fuerte el puño, etc.

   Este gesto tiene que ser muy claro (es necesario recordarlo exactamente), muy breve (de uno a dos segundos, no más) y no haber sido utilizado anteriormente.

3. **Buscar tres recuerdos del estado de ánimo que hemos elegido.**

   Es muy bueno que el primero sea una vivencia de la infancia y que cada uno forme parte de un contexto distinto. El recuerdo no debe estar asociado a otra escena desagradable, porque en ese caso vamos a anclar lo agradable junto con lo desagradable.

   Por ejemplo, para anclar el sentimiento de valía, podemos tener un recuerdo de la infancia de la primera vez que anduvimos en bici solo o sola. Después, el recuerdo de un éxito en el colegio. Y como tercer recuerdo, la última vez que triunfamos entre nuestros amigos con un plato de cocina…

   Anota el nombre de cada recuerdo. Y para cada uno selecciona el instante de mayor potencia.

4. **Para cada recuerdo, seguir la secuencia siguiente:**

   - **Cierras los ojos,** te metes en el recuerdo como si lo estuvieras viviendo de nuevo, mirando lo que mirabas, escuchando lo que escuchabas y sintiendo lo que sentías.
   - **Anclaje:** en el momento en el que la sensación positiva está **creciendo y a punto de alcanzar el máximo,** realizas el anclaje, es decir, haces el gesto decidido anteriormente, siempre de la misma manera. Brevemente. No más de dos segundos.
   - **Inmediatamente después** abres los ojos y miras cualquier cosa o piensas en cualquier cosa. Se trata de distraer tu cerebro porque de este modo la grabación del anclaje es más profunda.
   - **Comprobación del ancla:** ahora, con los ojos abiertos y sin pensar en nada, repites el ancla una vez, de la misma manera, con la misma brevedad. Si el ancla ha sido bien instalada, sentirás cómo el estado de ánimo buscado te está invadiendo. Si no es el caso, repites la secuencia, dándote cuenta previamente de en dónde no has seguido el protocolo.

5. **Comprobar el anclaje.**

    Te imaginas dentro de unos días, en un momento en que necesites este ánimo que acabas de anclar, y repites el anclaje de la misma manera que antes, muy brevemente, y esperas a percibir dentro de ti un cambio con respecto a este futuro.

    Si lo necesitas, repite el anclaje hasta sentirte al máximo de ti mismo.

> **6. Recargar la batería.**
> Cuanto más se utiliza el anclaje, más potente es. En los primeros días utilízalo sin parar, pues es entonces cuando coge su mayor fuerza. Y lo podrás disfrutar el resto de tu vida.

La noche oscura

Una crisis es siempre una oportunidad de cambio.

El asentimiento a la noche oscura del alma permite llegar a una comprensión radicalmente distinta, de la que nacerán nuevas fuerzas y nueva visión.

> Para realizar con otra persona muy lentamente o en visualización.
> Nos centramos y hacemos una espiración larga y profunda.
> Nos sintonizamos con nuestra conciencia familiar.
> Nuestro destino está delante de nosotros, a un poco de distancia.
> Lo miramos con respeto.
> Miramos ahora más allá, más lejos, a Algo más grande. Miramos con recogimiento.
> Hasta poder decir *«gracias»*.
> Seguimos mirando a lo lejos con recogimiento.
> Ahora podemos decir *«por favor»*, con devoción y humildad.
> Volvemos a mirar nuestro destino.
> Le decimos SÍ hasta poder abrazarlo.

El guía es el corazón

Nuestro corazón dirige toda nuestra actividad, desde el cerebro y sus pensamientos, hasta cada una de nuestras células. La meta del liderazgo del corazón es la armonía interior del individuo consigo mismo, con los demás seres humanos y con las energías que nos rodean.

Con esta práctica, ponemos en acción el amor de la gran conciencia que nos habita a todos. Activamos la fuente física del crecimiento del amor y de su onda expansiva.

Tomar conciencia de nuestro corazón y vivir desde ahí se convierte en un modo de vivir lejos del estrés, del individualismo y de las emociones destructivas, un modo de estar presente, adulto, en el nosotros, la fuerza y la alegría de vivir, un modo de estar en sintonía con todo.

Nos ayudará especialmente en los momentos difíciles, cuando necesitemos ser creativos, tener fuerza, decidir bien, ayudar…, y nos permitirá disfrutar de la vida en cada instante.

Vivir desde el corazón físico nos permite participar en el fortalecimiento del campo mórfico del nuevo paradigma.

Imagina que estás respirando desde tu corazón, como si tuvieras los pulmones en el corazón.

Ahora dirige tu atención suavemente hacia tu corazón físico, hasta que puedas percibirlo o simplemente imagines percibirlo. Sentirás que está respirando o imaginarás que percibes el aire que entra y sale de tu corazón. Vas a mantener tu atención puesta en el corazón, con mucha ligereza.

Para sentir tu corazón te puede ayudar imaginar algo o a alguien al que quieras mucho. Siente cómo se expande el amor en tu corazón.

Poco a poco, sentirás un cambio por todo tu cuerpo. Sientes calma.

Una sonrisa se dibujará sola en tu rostro. Todo tu cuerpo sonreirá.

Tu espalda se erguirá, incluso es posible que sientas que te echas un poco hacia atrás. Es el movimiento que tu pecho necesita para tener más amplitud, y así la energía de tu corazón se extenderá más todavía.

Sientes que el centro de tu cuerpo, la sede de tu conciencia y de tu fuerza es el corazón, no es ni el cerebro ni el vientre, es el corazón.

Tus pensamientos cambian, son compasivos y creativos. Te haces más presente.

Tus emociones cambian también. Se transforman en emociones de inclusión, de alegría y respeto.

Tu mente se abre. Tu energía aumenta y tu percepción se transforma. Percibes lo que sienten los demás.

Tu capacidad sanadora crece inmensamente, tanto para ti como para los demás.

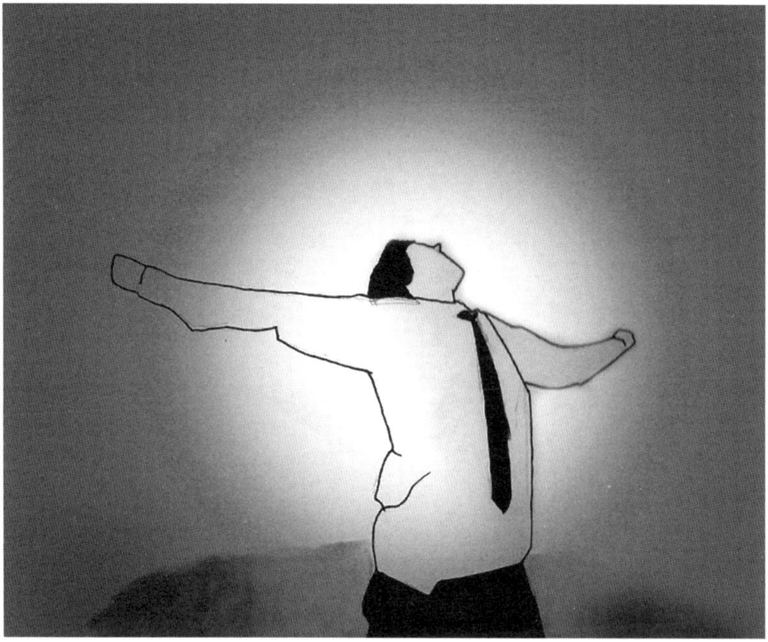

3
Tomar una decisión

Estar en sintonía con la vida, es decir, haber tomado a la madre como es, nos habilita para tomar buenas decisiones, para fluir bien con esa vida.

Para que la toma de una decisión sea útil, primero habremos de saber si lo que anhelamos está en sintonía con lo esencial para nosotros ahora.

Por otra parte, debemos recordar que lo que la vida nos trae es siempre dual, y a nosotros nos corresponderá la unicidad. Cuando uno consigue realizar un deseo, se da cuenta de que ese deseo contiene su opuesto. Si el deseo no se corresponde con lo esencial, después de vivir lo deseado llegará la etapa de lo opuesto. Sin embargo, si la persona acepta lo esencial, el deseo realizado llevará en su seno algo negativo que no se verá como negativo, simplemente forma parte de ello y no puede ser de otra forma. Ese algo negativo es la semilla de un nuevo salto cuántico en la vida de la persona que se dará cuando se rinda y fusione los dos polos.

Además de los ejercicios propuestos, podrás empezar con «Tomar a la madre», que encontrarás en otro capítulo.

Las expectativas y lo esencial para mí

Nuestras expectativas o deseos suelen impedir que sigamos lo esencial de nuestra misión.

¿Cómo saber si una expectativa, un sueño o una decisión son buenos para mí?

1. **Me pongo frente a la vida.** Miro la vida.
   Tomo conciencia de que mi madre está fusionada con la vida. Mi madre es la vida para mí. Son una sola cosa para mí.
   Miro la vida. Miro la vida con la muerte.
   Las miro, vida y muerte, con sus límites. Miro más allá de sus límites, más allá de la muerte. Más allá de todo límite.
   Y me abro a un vacío infinito, ilimitado. Me abro a la nada.

2. **Ahora me pongo frente al «SÍ a la vida como es».** Tomo conciencia de la presencia de mi padre fusionado con el SÍ. Mi padre es el *«SÍ a la vida como es»*, el *«SÍ a la vida y a sus límites»*. Mi padre y el SÍ son una sola cosa para mí.
   Mi padre, el SÍ, mi madre y la vida son una sola cosa para mí.
   Con mi mirada, abrazo al SÍ y a la vida.
   Y espero.

3. **Ahora coloco** un papel para **LO ESENCIAL PARA MÍ** y, enfrente, distintas **EXPECTATIVAS** o una **DECISIÓN**.
   Me pongo primero en LO ESENCIAL.
   Después me pongo en cada una de mis expectativas o decisiones. Observo cómo reacciona lo esencial con

> cada una y cómo se mueve cada expectativa junto a lo esencial. Me quedo en cada una de ellas hasta que su movimiento se acabe. Habré recibido información, sabré si seguir o renunciar.
> Para terminar me vuelvo a poner en LO ESENCIAL PARA MÍ y sigo el movimiento.

Testar algo

Si se trata de algo importante, difícil, harás el ejercicio sistémico anterior «Las expectativas y lo esencial para mí».

> Aquí se trata de testar una elección, una decisión, una nueva terapia, un curso, un libro, etc.
> Decides dónde está la vida, donde está la muerte.
> Te colocas mirando hacia la vida y, delante de ti, en el suelo, un papel representando el asunto. Vas a añadir «otra opción».
> Ahora te pones encima del asunto y vives su movimiento.
> Luego te imaginas que estás al lado del asunto, junto a él. ¿Qué sientes estando cerca del asunto? Ahora te pones en el asunto. ¿Qué siente él, qué movimiento tiene cuando tú estás a su lado? ¿Hay comodidad en ambos? ¿Vais juntos hacia la vida?
> Haces lo mismo con la «otra opción» y comparas.

¿Qué camino elegir?

Cuando tenemos dudas sobre qué decisión tomar, después de definir bien las oportunidades que se nos presentan, podemos colocar en el suelo un papel por cada opción y ver cuál es la información profunda que nos da el campo.

> Muy centrado, totalmente en tu Adulto neutro, te vas a colocar sobre cada opción, para seguir el movimiento que va a surgir de cada una. Una te llevará a la vida con más fuerza que la otra. Quédate un minuto en cada opción para que el movimiento y la información sean lo más completos posible.
>
> Es bueno que sepas sobre qué papel te estás colocando, para que entiendas cada uno de tus movimientos. Si estás muy centrado, tu mente no va a manipular la representación.
>
> La información que te llegará para cada papel es la información que hoy el campo te quiere ofrecer para poder dar con seguridad tu próximo paso.
>
> Solo se trata del próximo paso.

4
Dificultades, dramas y tragedias

Los momentos difíciles de nuestra vida se pueden aliviar mucho cuando devolvemos al pasado lo que nos adjudicamos de él cuando éramos pequeños. Por otra parte, necesitamos aceptar que estos momentos forman parte de nuestro destino sin que podamos impedirlo. La rendición a lo que nos toca, por grave que sea, tiene un gran efecto liberador.

El destino

Aunque nuestro destino esté en gran parte señalado, lo modificamos continuamente: a cada rechazo de la vida como es, ese destino empeora; a cada asentimiento, reconciliación, integración o salto cuántico, nuestro destino mejora.

Puedes repetir este ejercicio de vez en cuando ya que da mucha energía. Tanta energía que si lo haces por la tarde es posible que te cueste dormir por la noche.

Empiezas con dos lugares: el tuyo y, delante, a una distancia, tu destino.

Irás alternativamente a uno y a otro, quedándote bastante tiempo en cada uno de ellos.

Cuando representas al destino, estás totalmente en silencio, observando lo que siente tu destino, cómo se va transformando conforme lo vas aceptando, y viéndote a ti delante.

Cuando te representas a ti, imaginas el destino delante.

Quizás, si te sientes más grande que él, necesites honrarle, postrándote.

Renuncias a tenerle miedo o rabia.

Es lo que te ha tocado.

Sabes que es tu único camino.

Tu intención es asentir, rendirte. Quizás puedas decir SÍ.

Quizás puedas decir *«gracias»*.

Te tomas el tiempo que necesites hasta que puedas acercarte a tu destino, fundirte con él o ir hacia la vida con él.

Será una experiencia muy profunda y muy personal, con consecuencias para tu vida.

Tú por ti

Cuando éramos muy pequeños no resistíamos el sufrimiento de los demás y les decíamos inconscientemente: *«Yo por ti»*, *«Mejor que yo sufra y no tú»* o *«Yo pagaré por ti»*.

Cada vez que perdemos fuerzas, que abandonamos nuestro Adulto, volvemos a estas promesas arcaicas. Y empezamos a empeorar, sin poder resolverlo porque no sabemos qué nos pasa.

Si la persona que sufre es un vivo, esta persona se pondrá en dependencia de nosotros, sin poder llegar a asumir su propio destino. Si se trata de una tragedia del pasado y del sufrimiento de un muerto, ese muerto pierde su posibilidad de descansar en paz por nuestra interferencia.

Nos damos cuenta de que esto nos ocurre cuando hacemos algo que no queríamos hacer, cuando hemos perdido la alegría o la fuerza sin razón, cuando sufrimos ciertos síntomas incomprensibles…

Después de centrarte, imagina dos lugares, el tuyo y el de un ancestro al que inconscientemente estás diciendo *«Yo por ti»* (sin saber de quién ni de qué se trata).

Primero te pones en el lugar del antepasado unos minutos hasta sentir bien toda su carga.

Luego vuelves a ti, visualizando o pensando que este ancestro está ante ti con toda esta carga. Inclinas la cabeza ante él. Luego, con mucho amor, le dices: *«Tú por ti y yo por mí»*. Lo repites varias veces, en voz alta, hasta que el ancestro va tumbándose en el suelo y quedándose en paz.

En ese momento le dices: *«Te dejo ir. Ahora elijo la vida»*.

Así, tú tienes la fuerza de alejarte de él e ir hacia la vida.

Frente a una situación difícil

La práctica sanadora de la rendición y del asentimiento a todo.

1. **Sentir la situación difícil.**

    Imagino la situación difícil delante de mí. Me coloco en ella.

    Si es preciso, descompongo esta situación en varios elementos y me coloco en cada uno de estos elementos.

    Represento a cada uno de ellos para percibir su movimiento, hacia dónde mira, la carga que tiene. Averiguo, sin interpretar, si la sensación es de fuerza, de poder, de víctima, de sufrimiento, etc.

    Sin interpretar. Solamente se trata de constatar la realidad como es.

    Vuelvo a juntar todos los elementos en una sola realidad y me coloco en ella, para percibirla también.

2. **Reconocer la realidad como es.**

    Ahora vuelvo a mi lugar, frente a la situación difícil.

    Soy yo, en mi estado Adulto o en mi yo cuántico, son una misma realidad.

    Reconozco la realidad de esa situación difícil.

    Me inclino ante todo lo que he observado, me inclino ante lo que la mueve, ante su destino, ante sus fidelidades y su rol al servicio de la vida.

    Reconozco la mano de Algo más grande.

Reconozco la presencia de una nueva polaridad. Polaridad al servicio de algo nuevo si acepto rendirme a la realidad como es.

3. **Agradecer la situación difícil.**

   Agradezco a esta situación todo lo que aportó en el pasado.

   Agradezco su entrega al destino y al servicio de Algo mayor.

   Honro el hecho de que, ella como yo, estamos, cada uno de una manera, al servicio.

   Le agradezco ser como es y me permito ser como soy. Todos juntos, estamos cooperando. Todos somos necesarios.

   Me coloco en la situación difícil y averiguo cómo ha reaccionado a mi gratitud.

4. **Sigo mi camino.**

   Me alejo de la situación difícil, para dejarla con lo que la guía y yo vuelvo a lo que me guía.

   Avanzo hacia la vida, en la acción, la responsabilidad y la rendición ante la realidad que ahora para mí se ha ampliado.

El excluido

Las perturbaciones de nuestra vida, en la salud, el trabajo, el amor o la economía, suelen ser la muestra de la presencia de un excluido que necesita ser visto y reincluido por nosotros.

Los excluidos y olvidados son multitud y solo pueden terminar el proceso de la muerte a través de los vivos. Por eso, hasta nuestra muerte, seguiremos vinculados al servicio de nuestro sistema, reincluyendo a ancestros excluidos gracias a la resolución de nuestros conflictos.

> Con la ayuda de tu guía interno, decidirás si vas a representar al excluido al que eres fiel, o al excluido que pesa sobre tu familia, o sobre un hijo o un nieto.
>
> Sea quien sea el excluido con el que vas a trabajar, imagina dos lugares: el del excluido y el tuyo (no vas a representar a ninguna otra persona de tu familia, aunque se trate del excluido que pese sobre otro familiar).
>
> Primero te colocas en el lugar del excluido para percibir lo que él siente.
>
> Después te colocas en ti, y sientes cómo reacciona tu cuerpo.
>
> Poco a poco, renunciarás a tu miedo o a tu reproche, para decidir mirar al excluido con amor.
>
> Entonces le irás diciendo muy lentamente, eligiendo las frases con la ayuda de tu guía:
>
> > *Te veo.*
> > *Te amo.*
> > *Veo tu dolor.*
> > *Miro a tus padres.*
> > *Perteneces.*
>
> Después de cada frase puedes colocarte en el lugar del excluido para sentir cómo reacciona a la frase.
>
> Luego, quizás necesites añadir algunas de estas frases:

> *Todo ha terminado.*
> *Gracias por ser nuestro ancestro.*
> *Descansa en paz.*
> *Ahora, elijo la vida.*
>
> Hasta que el excluido pueda tumbarse y cerrar los ojos, y tú, irte a la vida.

Ayudar a un muerto a terminar de morir

Se puede hacer, de vez en cuando, sin propósito previo, poniéndose a disposición del campo, para ayudar a un muerto a terminar de morir, aceptando que no sabemos de quién se trata ni a qué sistema familiar pertenece.

> Para hacer uno solo o entre dos.
> Imagina dos lugares: uno para ti y, enfrente, un muerto que necesita algo de ti.
> Empiezas representándote a ti mismo, sabiendo que enfrente de ti, a un poco de distancia, hay un muerto que no está bien en la muerte.
> Para ti, lo primero es soltar el rechazo, la indiferencia o el miedo que te da ese muerto, hasta sentir un profundo respeto por él.
> Luego, miras al muerto a los ojos, hasta poder decirle: *«Te tomo en mi corazón»*, e inclinas la cabeza ante él.
> Luego le dices: *«Haré todo lo que necesites»*. Quizás incluso necesites decirle: *«Me quedo contigo el tiempo que necesites»*.

Te das cuenta de que el muerto necesita tu amor, tu mirada, tu contacto. Le dices: «*Te amo*».

Necesita que le toques, quizás que le abraces, que le ayudes a tumbarse y a cerrar los ojos. Tómate todo tu tiempo para acompañarle.

Lo que importa es no forzar nada.

Si no percibes la evolución del muerto, te colocas en él para saber si le llega lo que sientes (si no le llega es que no lo has hecho con sinceridad), o para saber lo que necesita de ti.

Al cabo de un tiempo, quizás necesite que le digas algunas de estas palabras: «*Estás muerto. Todo ha terminado para ti. El dolor, el miedo, la culpa, la crueldad, todo ha terminado. Te dejo ir. Yo elijo la vida*».

Y cuando haya cerrado los ojos, dejas de mirarle, miras una luz a lo lejos y te conectas con Algo más grande, luego te levantas y te vas a la vida.

Seguir llorando al muerto, seguir abrazándole cuando él ya está en paz, es una intromisión.

CAMBIAR UNA DECISIÓN DEL GUION DE VIDA

El Análisis Transaccional nos ha permitido descubrir que antes de los cinco años habíamos tomado inconscientemente las decisiones más importantes de nuestra vida. A esa edad, tomamos decisiones que nos van a perjudicar el resto de nuestra vida, a no ser que nos demos cuenta...

Ejemplos de decisiones: «*Papá o mamá, no lo haré mejor que tú*», «*Te cuidaré el resto de mi vida*», «*No seré más feliz que tú*», «*No seré rico», «No confiaré en nadie más que en ti», «Viviré las mismas penas que tú», etc.

Ante una dificultad repetitiva en tu vida.
Puede ser útil escribir las distintas tomas de conciencia, adquirirán más fuerza.

1. **Identificar esa dificultad.**

    La imaginas delante de ti y la vas nombrando, con nombres diferentes, incluso describiéndola, hasta sentir una sensación más fuerte que te dice que has identificado bien la dificultad.

2. **Observar la dificultad, sabiendo que te va a llevar a algo nuevo cuando la hayas resuelto.**

    Aunque todavía no la entiendas, le agradeces estar en tu vida. Sabes que forma parte de un movimiento del vacío creador, del vacío cuántico, hacia un salto cualitativo en tu vida.

3. **Observar hasta darse cuenta de que uno eligió tener esa dificultad por los beneficios que le traía.**

    Te das cuenta de las consecuencias que tiene esa dificultad.
    Te das cuenta también de que la elegiste inconscientemente durante la infancia, para sobrevivir lo mejor posible a traumas e intrincaciones familiares. Y, ya de adulta o adulto, has vuelto a tomar esta decisión en varias ocasiones.
    Dices a la dificultad: *«Elegí tenerte en mi vida para evitar… o para conseguir…»*.

Te ayudará ponerte en el lugar de la dificultad y sentirla, luego volver a ti y otra vez volver a la dificultad cada vez que entiendes algo nuevo.

Sabrás que has encontrado el motivo correcto por la emoción que vas a sentir.

Y quizás detrás del motivo encuentres otro más profundo todavía: «*Elegí tenerte en mi vida para evitar o conseguir..., para ser más fiel*».

4. **Acercarse a la infancia.**

Andas unos pasos detrás de la dificultad, hacia tu pasado. Y descubres a alguien por quien decidiste vivir este sufrimiento.

Ves lo que querías evitar o conseguir.

Te dejas sentirlo en tu cuerpo.

Dices a esta persona: «*Por amor a ti decidí... He crecido. Te libero de mi decisión*».

Y después pronuncias una de estas dos frases: «*Tú eres tú y yo soy yo*» o «*Tú por ti y yo por mí*».

5. **Tomar una nueva decisión.**

Ahora miras de nuevo a la persona y le dices: «*Ya está todo pagado, ahora elijo...*», y enuncias tu nueva decisión, que puede ser algo como lo siguiente:

> *Disfrutar de mi vida.*
> *Yo sola o yo solo puedo.*
> *Me atrevo al éxito.*
> *Elijo la vida.*
> *Elijo vivir mi vida.*

> Quizás te ayude a encontrar la nueva decisión el ponerte en el lugar de la dificultad y sentir sus reacciones mientras la buscas.
> Y con esa nueva decisión, te diriges hacia la vida, repitiéndola sin cesar.
> La escribirás en varios lugares y la repetirás varias veces al día.

Un secreto

Un secreto pesa sobre los descendientes cuando se trata de un daño que no fue reconocido ni asumido por el autor, y cuya víctima no fue vista ni llorada. Pesa sobre los descendientes hasta que alguien mire con amor a perpetrador y víctima, respetando el secreto.

Los que quieren descubrir los secretos de su familia empiezan a tener graves problemas de todo tipo, de salud o económicos, por ejemplo, por no haber respetado a sus ancestros. Un secreto solo concierne al perpetrador y su víctima, su misión es provocar una reconciliación en su vida o a través de un descendiente.

> Para una o dos personas. Lo describiré para una sola persona.
> Con la ayuda de tu guía interno, elige el secreto que vas a honrar (sin saber en absoluto de qué trata ese secreto):
>
> - El que más pesa sobre ti.
> - El que más pesa sobre tu familia.

- El que más pesa sobre tu pareja.
- El que más pesa sobre un hijo.
- El que más pesa sobre un nieto.

Imagina el secreto delante de ti, bastante lejos. No te acercas a él, solamente lo miras y lo honras; sabes que está al servicio de algo muy grande, más exactamente, al servicio de un futuro movimiento de amor, y que tus ancestros fueron totalmente tomados por él.

Puedes ponerte en su lugar unos segundos, para sentirlo desde dentro.

Después vuelves a tu lugar, honrando ese secreto.

Sabes que en ese secreto alguien hizo daño a otra persona, quizás mató a otra persona. El perpetrador no asumió su culpa. La víctima no fue vista ni llorada por nadie.

Honras a esas personas y sientes gratitud para con ellas, por la vida que te viene a través de ellas. Les puedes decir: «*Gracias por ser mis ancestros*».

Al que hizo daño: «*Veo tu responsabilidad y la dejo contigo. Yo solo soy tu descendiente*».

A la víctima: «*Veo tu dolor y tu soledad*».

A ambos: «*Os tomo a los dos en mi corazón. Tomo el dolor de los dos en mi corazón. Respeto el secreto. Es demasiado grande para mí. Renuncio a saber. Que descanséis en paz*».

En algún momento podrás darte cuenta de que el secreto se ha transformado en una gran fuente de amor y protección que se expande por todo tu sistema familiar y tu vida actual.

Te alejas del secreto, para ir con decisión hacia tu vida, experimentando cambios en tu cuerpo.

Un muerto te agarra

Potente ejercicio; su clave es el amor al muerto.

Cuando en algún ejercicio tienes la sensación o ves que un muerto excluido u olvidado te agarra, aferrándose a una de tus piernas, por ejemplo, o bien en tu vida te sientes atrapado por la «mala suerte», te conviene hacer este ejercicio.

Se trata de un ancestro que murió sin tiempo para prepararse: murió en coma, bajo anestesia o en un accidente brutal. No sabe o no acepta que está muerto y no quiere estar solo en la muerte. Entonces se apega a un vivo, arrastrándole hacia la muerte, sin darse cuenta.

> Estás de pie en tu lugar e imaginas que el muerto está a tus pies atrapándote.
>
> En vez de intentar escapar, le dices: «*Me quedo contigo el tiempo que necesites*».
>
> No haces nada, solo esperar con amor a que el muerto se despegue. Es posible que necesite oír esta frase varias veces, para confiar en que, por fin, alguien le ama, y entonces es cuando acepta la muerte.
>
> Cuando te quedes libre, te irás a la vida, lenta y silenciosamente, con mucho agradecimiento para con el muerto.

Lugar con memoria

Las emociones se graban en los lugares en los que fueron vividas. Cada emoción despide una energía que impregna el entorno. La memoria de lo vivido sigue presente, y si una emoción fuerte no terminó su ciclo, va a provocar su repetición real o metafórica, de un modo iterativo, hasta que los presentes se den cuenta y miren con amor el pasado tormentoso.

> Colocas delante de ti el lugar con memoria.
> Alternarás el representarte a ti y representar al lugar.
> El ritmo es el siguiente: cuando estás haciendo de ti, dices una frase o haces un movimiento. No más de uno. Esperas un poco y entonces representas el lugar para sentir su nuevo movimiento. Sientes su dolor, te das cuenta de adónde mira, colocas objetos para representar a los muertos ahí donde mire el lugar.
> Cuando haces de ti, agradeces y honras ese lugar, pronunciando si procede las frases curativas, hasta que el lugar quede en paz.
> Las frases pueden ser las siguientes:
>
> *Veo el dolor.*
> *Veo la tragedia.*
> *Honro a todos, perpetradores y víctimas, os tomo a*
>   *todos en mi corazón.*
> *Lo tomo todo como es.*
> *Todo esto ha terminado. El pasado ha acabado.*
>   *El dolor ha terminado, la crueldad ha terminado,*
>   *la culpa ha terminado.*
> *Que descansen en paz.*
> *(Al lugar) Gracias por tu protección.*

Dramas o tragedias repetitivas

Uno puede observar que en su familia se comenta que algunos se suicidaron, o que los cabezas de familia fueron arruinándose a partir de una cierta edad, o que se producen accidentes muy violentos en la familia, o que los maridos mueren precozmente, o que las mujeres tienen varios hijos no nacidos, todo esto repetido en varias generaciones.

O bien que varios hermanos sufren la misma desgracia, mostrando así la existencia de un drama anterior a los que son fieles sin saberlo.

También que una misma persona tiene una y otra vez el mismo tipo de accidentes o problemas.

Sea como sea, si intuimos que podemos estar intrincados en un grave drama anterior, nos convendrá hacer este ejercicio.

> Imaginamos a ese drama anterior, aunque no sepamos de qué se trata, a distancia delante de nosotros, hacia el pasado.
> La persona está frente al drama, lejos de él. Y representará alternativamente al drama y a sí misma.
> Luego, desde su lugar la persona honra el sufrimiento que se produjo, con todo su corazón, con amor y respeto profundo.
> Cuando lo sienta, dice algunas de estas frases, muy lentamente, esperando la reacción del drama antes de decir otra:
>
> *Os veo. Veo el horror.*
> *Ahora todo ha terminado.*
> *Ya está todo pagado.*
> *Ya podéis descansar en paz.*
> *Vuestro dolor no ha sido en vano. Estamos bien.*

> Cuando perciba que el drama ha muerto, la persona se girará para avanzar hacia la vida.

Catástrofes naturales, incendios, seísmos, etc.

Os propongo una meditación que se irá uniendo a todos los que estén meditando para las víctimas de estas catástrofes.

> Nos recogemos.
> Nos unimos a todos los que han meditado, estén meditando o meditarán sobre alguna catástrofe natural.
> Entregamos esta meditación a todas las víctimas, a los seres humanos, a los animales, a la naturaleza misma y al destino colectivo.
> Respiramos desde el corazón, como si tuviéramos los pulmones en el corazón (unos dos minutos).
> Vas a empezar a notar una emoción profunda, la acoges y la vives durante otros dos minutos.
> Es posible que la emoción se transforme.
> La expandes por todo tu cuerpo y más allá de tu cuerpo.
> Pronuncias estas frases, lentamente, desde el corazón, sin dramatismo, separándolas con un largo silencio:
>
> *Veo vuestro dolor.*
> *Veo el horror.*
> *Veo el terror.*
> *Veo la desesperación.*
> *Honro los ciclos de la naturaleza.*

> *Veo el daño que hago con mis pensamientos, emociones y actos.*
> *Honro las energías en movimiento.*
> *Me rindo a todo como es.*
> *Os amo.*
>
> Ahora visualizamos la Tierra, de color negro, cubriéndose poco a poco de verde, hasta transformarse en un globo de luz verde.
> Sostenemos la imagen de la Tierra como esfera de luz verde durante unos dos minutos.

Para los países divididos

A mis queridos amigos venezolanos les propongo esta visualización.

> Está Venezuela delante de nosotros y la honramos profundamente con todo nuestro amor y nuestro dolor.
> Nuestro reconocimiento ahora alcanza más allá de la Venezuela de hoy, miramos con amor al pasado de Venezuela. Miramos a todas nuestras raíces. Honramos y agradecemos a cada una de estas raíces. Miramos también a esas raíces olvidadas, sacrificadas, excluidas o rechazadas. Las reincluimos en nuestro corazón y les decimos: «*Os pertenezco*».
> A cada una de las raíces de nuestro país les volvemos a decir: «*Gracias. Te pertenezco*».

Y ahora nos despedimos del pasado y nos giramos hacia la Venezuela de hoy. Miramos a todos los venezolanos actuales, miramos a todos nuestros hermanos.

Reconocemos en cada uno las distintas raíces del pasado e inclinamos la cabeza ante sus fidelidades, y decimos a cada uno: «*Tú y yo pertenecemos tal y como somos. Gracias por ser como eres*».

Y también decimos a los que nos han hecho daño: «*Ahora veo el daño que mis ancestros hicieron a tus ancestros. Yo soy como tú*».

Nos giramos hacia la vida, y avanzamos con humildad, decisión y agradecimiento al servicio del cambio.

Para los que no somos venezolanos, hacemos esta visualización al servicio de nuestro país.

¡Gracias, Venezuela!

5
Conflicto con alguien

Los conflictos nos ayudan a reajustarnos a la realidad presente y al respeto a los demás. Vemos que no tenemos conflictos con todas las personas, solamente con las que nos revelan algo de nosotros mismos, algo que no queremos ver ni saber. Las energías de las personas en conflicto se han entrelazado y piden reconciliación.

El ego

Nuestro ego tiene su función y necesita ser agradecido. Sin embargo, su tendencia a la obesidad nos perjudica y nos impide percibir a los demás como son.

La lucha contra el ego es una manera de hacerle crecer.

Verlo, aceptarlo como es y agradecer su presencia sin cederle el mando nos coloca en nuestro adulto. Igual y abierto a todos.

Definimos tres lugares que progresivamente se irán modificando:

- El lugar del ego.

- El lugar del estado Adulto.
- El lugar de nuestro yo habitual.

La persona ahora se coloca unos segundos en cada lugar para percibir la situación desde esta representación. Con la información recibida irá haciendo nuevas rondas hasta que la unificación de los tres se haya realizado gracias a las frases siguientes dichas cuando estás en tu yo habitual:

Asumo mi vanidad.
Asumo mi miedo a la realidad.
Gracias por tu estímulo.
Ya he crecido.
Soy como soy, me rindo.

Resolver un conflicto

Ejercicio para sanar un conflicto o una tensión con cualquier persona, con un grupo, un asunto, una clase conflictiva, etc.

Esta herramienta transforma la tensión en algo siempre mejor para ambos. Los resultados son sorprendentes. Se trata de un ejercicio esencialmente cuántico, que debe realizar uno solo.

El ritmo del ejercicio es el siguiente: la persona representa a alguien (o algo) sintiendo lo que hay en ese momento, a los pocos segundos lo suelta todo para ir al segundo lugar. Al soltar lo que sintió es cuando entran en juego las fuerzas sistémicas, permitiendo nuevos entrelazamientos cuánticos y transformación. Lo mismo ocurre en el segundo lugar, lo representa, lo percibe y lo suelta para volver al primer lugar. En cada ocasión suelta lo percibido dejándolo en manos del campo fuente. El soltar es lo que permite la mutación hacia mejor.

Para una sola persona.

- **Definir dos lugares:** uno para ti y otro para la persona, el asunto o el grupo con quien tienes el conflicto.
- **Colocarte en tu lugar,** imaginando delante a la persona con quien estás en conflicto. Resumes en una frase o una palabra lo que sientes y lo pronuncias en voz alta.
- **Ponerte en la otra persona.** Esperas unos diez o quince segundos. No más.
- **Volver a tu lugar** y darte cuenta de lo que ha cambiado.
- **Representar de nuevo a la otra persona, y seguir así alternativamente,** no más de diez a quince segundos en cada lugar.

Solamente cuando estás en ti puedes expresar o decidir cómo honrar, agradecer o decir alguna frase.

En cada paso se recibe nueva información y se producen cambios. El resultado será un cambio radical. En algún momento surgirá abrazo, emoción o sensación de que se ha acabado.

Suele ser necesario un mínimo de tres vueltas.

Desenredar un conflicto (resolver una proyección o doble transferencia)

Para un conflicto más grave que en el caso anterior, con personas que no son de la familia. A menudo el ejercicio anterior es la preparación para este.

Para un conflicto con un familiar, el ejercicio adecuado es «Relaciones difíciles con un familiar, padre, madre, hermano o hermana, etc.».

Muy indicado para casos de acoso, rechazo, antipatía, desprecio, etc.

1. **Radiografiar la situación actual.**

    Pones un papel para ti (A) y un papel, enfrente, a unos dos metros, para la persona o el grupo con quien tienes el conflicto (B).

    Te pones encima de cada papel el tiempo suficiente para ver cómo se siente tu cuerpo y qué actitud o movimiento toma.

    Ahora pones otro papel detrás de cada uno (C y D). No sabemos de quién o quiénes se trata.

    Te colocas de nuevo en ti mismo y te vas a dar cuenta de que no miras a la persona con la que tienes el conflicto, sino que miras detrás, a ese nuevo papel (C), o a ese nuevo individuo, representado por el papel que has colocado detrás.

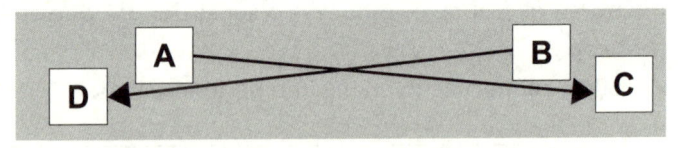

    Después, te colocas encima de B y también te das cuenta de que B no te mira sino que mira a la persona que está detrás de ti, está mirando a D.

    Esta es la razón del conflicto, cada uno está desordenado y no puede percibir la realidad. Cuando estás enfrente de B, crees verle, pero a quien realmente ves es a C. Y lo mismo le pasa a B.

2. **Constelar la proyección o transferencia.**

Ahora solo se van a quedar A y C. O sea, tú y esa persona a la que tu inconsciente ve.

Haces ahora de ti mismo, sabiendo que C está enfrente de ti. Estás ahí un tiempo, dejándote llevar muy despacio, muy centrado. Quizás no pase nada, o bien estás mirando al suelo, o a la distancia. Ahí donde miras, sabes que hay un ancestro.

Luego te pones en C y lo mismo, esperas, te dejas mover muy despacio. E igualmente, ahí donde mires hay alguien.

Ahora te vas a poner en el lugar de los distintos ancestros o muertos que han salido, para que a través de ti se puedan mover o sanar.

Representas así a las distintas personas que hayan salido. Vuelves a algunas de ellas si lo sientes, hasta que notes que empiezan a sentir paz.

A veces notarás que un muerto o un ancestro se agarra a ti y no quiere soltarte, y para él harás después el ejercicio «Un muerto te agarra».

Vuelves a representar a A y luego a C las veces que sean necesarias.

Ahora honras a cada uno u honras a toda la situación, con amor y agradecimiento, haya pasado lo que haya pasado. Hasta que sientas que todo ha cambiado y está en paz y ordenado.

Entonces te levantas y te giras hacia la vida y avanzas hacia ella.

3. **Sanar por resonancia con tu constelación.**

Te vuelves a poner como al principio: tú enfrente de B.

Te pones en ti y observas cómo te sientes y cómo miras a B.

> Te pones en B y sientes el cambio que ha experimentado hacia ti, ves que ahora te mira a ti. B también se ha sanado, por resonancia.
>
> Vuelves a ponerte en ti, y das las gracias o abrazas a B, y notas que os vais los dos hacia la vida.

MI ESPEJO

Gracias a este ejercicio vamos a descubrir que la mayoría de nuestros conflictos actuales con las personas simplemente reflejan diferentes comportamientos de los mayores de nuestra infancia que estamos imitando.

> Vamos a recordar una dificultad, un conflicto o un malestar que surge con compañeros, vecinos, un grupo o una situación.
>
> Identifico cuál es el malestar en mí, lo siento en mi cuerpo hasta poder ponerle nombre: rabia, vergüenza, impotencia, pena, desesperación...
>
> Coloco delante de mí a la persona o la situación que me provoca este malestar. Me tomo el tiempo de sentir bien el malestar en mi cuerpo.
>
> Y ahora dejo de mirar a la persona o a las personas que provocan ese malestar. Me giro hacia el pasado.
>
> Me doy cuenta de que ese malestar ya lo había sentido antes; y vuelvo atrás, viendo, en efecto, que sentí esa misma sensación en varias ocasiones anteriores. Quizás incluso pueda recordar una antigua situación, otra...
>
> Entonces, doy pasos hacia mi infancia y me doy cuenta de que, a alguien importante para mí en aquel tiempo, le dije: «*Yo como tú*».

Ahora puedo ver de quién era ese malestar: de mi padre, mi madre, mi abuela, un hermano mayor...

Veo a esta persona importante para mí, con ese malestar, y empiezo a entender su pasado, sus conflictos y su dolor.

Y le digo:

Por amor a ti, te dije: «Yo como tú».
Ahora he crecido.
Te libero de mí.
Tú eres tú y yo soy yo.
Por amor a ti, ahora elijo vivir mi vida.

Me giro hacia el momento presente y hacia esa persona que me creaba malestar. Observo el profundo cambio operado en ella y en mí y le digo:

Te libero de mí.
Yo soy yo y tú eres tú.
Gracias por ser como eres.
Te dejo ir a tu vida y yo me voy a la mía.
El conflicto era un espejo de mí mismo.

«No le soporto»

Este ejercicio nos va a permitir crecer gracias a las personas que no soportamos. Vamos a descubrir por qué no las aguantamos, ya sea un vecino, nuestra pareja, un presentador de la tele, un político o alguien que hace daño a otros.

Tienes tres alternativas para hacer este ejercicio, elige una o hazlas alternativamente en diferentes días:

- Visualiza una escena en la que alguien hace daño a otro.
  Mira al perpetrador y dile: «*Lo que rechazo de ti es lo que oculto de mí*».
  Al cabo de un tiempo, miras a la víctima y le dices: «*Gracias*».
- Visualiza a la persona que no soportas, y dile: «*En ti me encuentro a mí mismo/a*».
- ¿Qué es lo que no soportas de esta persona? Defínelo en una sola palabra, como su altivez, su alegría, su egoísmo, etc.
  ¿Y tú qué haces con tu...? Y te das cuenta de que esta persona hace de espejo para ti, bien porque en efecto tú también tienes o haces lo mismo que ella, o bien porque no te lo permites nunca, porque era mal visto cuando eras pequeño/a...
  Si la persona es un espejo de ti, le dices: «*Soy como tú*».
  En caso de que no te lo hayas permitido, mira a la persona y dile: «*Te envidio*».
  Y te dices a ti mismo: «*Ahora decido permitirme ser... durante un minuto al día*».
  Y ahora piensas de nuevo en esta persona y te das cuenta de que ya no te irrita...

Enfrentamientos entre hermanos o dentro de un grupo

Los pequeños están al servicio de los grandes. Una de las manifestaciones de esta dinámica es que cuando unos mayores no asumen sus conflictos, obviándolos o reprimiéndolos, los pequeños serán tomados por estos conflictos y los tendrán que vivir en lugar de sus mayores, sin poder remediarlo. La energía desprendida de estos conflictos «flota» sobre el sistema y se apodera de los recién llegados. Veamos unos ejemplos.

En algunas familias, los hermanos están divididos en dos bandos que se odian de un modo totalmente irracional. Pero nada se puede hacer. Observaremos cómo los padres han ocultado sus emociones y no se han atrevido a vivir sus conflictos, por miedo a separarse, a dar un paso de crecimiento, a cambiar, etc. Los hijos son tomados por el enfrentamiento oculto y negado, de un modo instintivo. Hasta que uno de ellos tome conciencia y devuelva a los padres lo que solo les corresponde a ellos.

En algunos eventos, todos los asistentes están en pie de guerra contra todos los demás, sin saber realmente por qué. Uno de ellos se podrá dar cuenta de que sencillamente están reflejando un enfrentamiento oculto y no asumido entre los organizadores.

En una empresa, podremos comprender y calmar la cólera entre dos secciones, o dos empleados de secciones diferentes y complementarias, sacando a la luz un enfrentamiento enmascarado entre los directivos.

> Solamente representaremos a dos personas, una por cada grupo de hermanos que no se soportan.
> Primero observamos cómo los dos representantes sienten agresividad instintiva el uno contra el otro.

Ahora tú miras al representante de los otros hermanos y detrás de ellos imaginas a vuestros padres.
Les dices:

Vosotros sois los grandes, nosotros los pequeños.
  Estamos a vuestro servicio.
Os honro, os amo, os agradezco la vida.
Veo vuestro sufrimiento y vuestro miedo.
Los dejo con vosotros.
Son demasiado para mí.
Amo a mis hermanos.

Mirando de nuevo a los hermanos:

Este dolor y este miedo no nos conciernen.
Os amo.

La agresividad

Si la agresividad de los demás, dirigida a otros, me desestabiliza, me da miedo o me paraliza es que me devuelve a mi propia agresividad reprimida. Me dice que no sé gestionar mi energía asesina.

Si mi agresividad me desborda o bien la disfruto y no quiero ponerle límites, esta situación me muestra que estoy preso de un trauma infantil, o bien vivo la agresividad que otros no se atrevieron a asumir (por ejemplo, la agresividad larvada que existió entre mis padres y no se atrevieron a enfrentar, la víctima de una agresión que no se atrevió a defenderse, etc.).

Y después de agredir a otro, necesariamente me voy a agredir a mí mismo con el sentimiento de culpa, depresión, algún fracaso, síntomas físicos, etc.

«Cuando las decisiones políticas conducen a la violencia, los ciudadanos sufren en forma de una dinámica, como se ha observado varias veces en casos similares en todo el mundo. Los hijos o incluso los nietos de los perpetradores se identifican con el destino de las víctimas, lo que se expresa en suicidios o enfermedades graves, etc., mientras que los tormentos de las víctimas son asumidos por las generaciones que les siguen. Ambos grupos crean así sentimientos de odio, venganza y abatimiento que les son indescriptibles, que no pueden comprender y que no tienen nada que ver con ellos»[10].

Este ejercicio me permite dar a mi agresividad el espacio que necesita en mí. Nuestra supervivencia tiene una gran deuda de gratitud hacia la energía asesina de nuestros ancestros. La agresividad es una reacción de supervivencia frente a un abuso de la vida.

Donde el amor herido no pudo llorar, surge la agresividad. Detrás de toda agresividad hay un inmenso dolor bloqueado, a la espera de ser reconocido.

La terapia no pasa por revivir el trauma ni expresar la agresividad. No haríamos más que volver a traumatizarnos y aumentar la carga emocional de la ira y de la culpa.

Empiezo amando y honrando mi agresividad con este ejercicio. Después quizás necesite hacer ejercicios como «Integrar traumas y conflictos», «Calmar una reacción emocional desproporcionada» o «El movimiento puro», por un lado, y para dejar la agresividad en el pasado, terminaremos con «Ordenar nuestra vida».

---

[10] Raquel Schlosser, citada por Maria Bürger de Castillo en *Los descubrimientos de Bert Hellinger con respecto a la paz y la reconciliación: La paz comienza en las almas*, Wilhelmshöhe, 2007.

Después de centrarme, imagino dos lugares, uno enfrente del otro. En uno imagino mi agresividad, en el otro estoy yo.

Primero averiguo lo que sienten ambos, me pongo alternativamente en mi agresividad, luego en mí, durante un minuto. Me dejo llevar por el movimiento, no por la emoción. Para conseguirlo me centro mucho.

Vuelvo a ponerme en mi agresividad, durante más tiempo. Cuando noto el movimiento estancado, vuelvo a representarme a mí.

Digo a mi agresividad: *«Veo el dolor que está detrás de ti»*. Y me dejo llevar por el movimiento.

Si al cabo de diez minutos no se ha producido el abrazo, lo dejo y retomaré el ejercicio dentro de una semana. Entre tanto hago uno o dos de los ejercicios sistémicos señalados.

Si he podido abrazar mi energía asesina, disfruto de su fuerza y de su amor, me doy cuenta de que su ira ha desaparecido y es todo energía de amor.

6
Para aliviar malestar, dolor emocional

El malestar emocional es un gran regalo: por un lado, nos está diciendo que no estamos en el presente y nos da la pista de lo que necesitamos soltar del pasado; por otro lado, nos dice que ha llegado el momento de dar un salto cualitativo, un salto cuántico, en nuestra vida.

Lo primero será aceptar y agradecer este malestar, pues tiene una misión para con nosotros y sin él no seríamos capaces de darnos cuenta de que nos hemos alejado de la vida y del presente. El pasado, una vez agradecido y despedido, se transforma siempre *en el fertilizante del presente*.

Aquí encontrarás varios ejercicios para salir de una dependencia, para hacer un duelo o para dejar de sentirte culpable por ser diferente de personas que fueron importantes para ti.

Antes de hacer desaparecer el malestar será muy benéfico conocer la misión de este malestar con el ejercicio «La finalidad de mi malestar». A menudo la potencia de este ejercicio muy completo transmuta el malestar.

Después, según te indique tu guía, encontrarás ejercicios para salir de una dependencia, para despedir el pasado, reforzar tus recursos y comprender tu angustia.

La finalidad de mi malestar[11]

En momentos de crisis, se puede hacer este ejercicio varias veces al día; trae siempre información y cambios importantes.

Se utiliza con un malestar persistente, reiterativo o especialmente limitante como una angustia, una culpa, un miedo indefinido...

> Localizas en tu cuerpo dónde está el malestar, qué forma tiene, hasta dónde afecta...
> Lo saludas y le agradeces estar aquí porque sabes que está al servicio de tu vida.
>
> 1. **Los objetivos parciales del malestar.**
>   Preguntas ahora a tu guía: «¿Para qué este malestar?».
>   A los dos o tres segundos, tienes la respuesta y la tomas tal cual, sin asustarte, al pie de la letra: una sensación, unas palabras, una imagen... Puede ser algo concreto o una metáfora.
>   Sigue hablando con tu guía:
>
>   *Por favor, ahora imagina que he conseguido este objetivo.* (Tres segundos).
>   *Gracias, ¿cuál es el objetivo siguiente que tiene ese malestar para mí?* (Tres segundos).
>   *Gracias.*

---

[11] Adaptación del magistral ejercicio de PNL creado por Connirae Andreas y Tamara Andreas: *La transformación esencial: Un revolucionario proceso para alcanzar nuestra identidad esencial*, Gaia Ediciones, 1998.

Retomas estas líneas hasta sentir que el «objetivo siguiente» te llena de algo nuevo. Si no estás seguro, preguntas a tu guía si has alcanzado esta finalidad última del malestar. Puedes preguntar: «*¿Este es tu objetivo esencial para mí?*».

2. **El objetivo último: el bienestar esencial.**
En un momento dado, sientes que has alcanzado la finalidad última del malestar: sensación profundamente diferente de bienestar, alegría, confianza, fuerza, etc. Se trata de un estado de bienestar al que Bert Hellinger llama «metaemoción» y al que podemos llamar «estado esencial».

Cuando lo has alcanzado, lo expandes por todo tu cuerpo. Es posible que una parte de tu cuerpo se resista todavía a recibirlo.

Agradeces al malestar por estar al servicio de ese estado esencial. Ese bienestar forma parte de tu esencia, es tu forma de ser y estar presente en el mundo.

3. **El trauma que te separó del bienestar esencial.**
A ese bienestar le preguntas: «*¿Qué edad tienes?*».

Y antes de tres segundos te vienen a la mente varios números. Te quedas con el número más pequeño: la edad en la que perdiste ese bienestar esencial.

4. **Transformación de los objetivos parciales.**
Miras con gratitud tu bienestar esencial y frente a cada objetivo parcial dices: «*Que te llenes ahora de mi bienestar esencial hasta transformarte*».

Al cabo de unos pocos segundos algo te dice que ya se ha cumplido, ese objetivo parcial se ha transformado y lo percibes.

Ahora repites lo mismo con el objetivo anterior. Hasta llegar al malestar primero.

5. **Sanando el trauma.**

    Sin pensar ni analizar, pides a tu guía que te lleve al número más pequeño que te dio, es decir, a ese momento de tu infancia cuando tenías la edad que te dice.

    En tres segundos estás en esa remota época, frente a algún conflicto que en ese momento no pudiste integrar.

    Sin saber de qué se trató, dices: «*¡Por favor, que reciba ahora mismo todos los recursos que necesito para franquear esa prueba con mi bienestar esencial íntegro! Soy uno con mi bienestar y con él crezco hasta el día de hoy*».

    En unos segundos sientes que has vuelto al momento presente acompañado de tu bienestar esencial.

6. **Nueva transformación de los objetivos parciales.**

    Miras con gratitud tu bienestar esencial y frente a cada objetivo parcial dices: «*Que te llenes ahora de mi bienestar esencial adulto hasta transformarte*».

    Al cabo de unos pocos segundos algo te dice que ya se ha cumplido, ese objetivo parcial se ha transformado y lo percibes.

    Ahora repites lo mismo con el objetivo anterior. Hasta llegar al malestar primero y observar su transformación.

7. **Sumergirse en el bienestar esencial.**

    Ahora llenas el malestar original con ese bienestar esencial adulto, y te das cuenta de que, ahora sí, todo se ha transformado[12], diciendo quizás varias veces: «*Que*

---

[12] Si no fuera el caso, si quedase una parte de malestar o hubiera aparecido un nuevo malestar durante el ejercicio, se vuelve a empezar el ejercicio con el nuevo malestar. La sanación será más potente todavía.

mi bienestar esencial llene toda mi vida, desde mi concepción hasta mi muerte».

Expandes esta nueva sensación por todo tu cuerpo y más allá de tu cuerpo.

Si puedes, permanece unos minutos en silencio, disfrutando profundamente de ese nuevo estado.

Liberación de un malestar interno

Vamos a entregar ese malestar a un movimiento puro.

Determinas dónde está el presente y dónde está el pasado.

1. **Alejado del presente, te representas a ti mismo/a, hoy,** con ese malestar. Puede ser un pensamiento reiterativo, una obsesión, un miedo, una emoción del tipo que sea.

   Estás en tu estado Adulto, que decide observar el sufrimiento que está apareciendo. Sabes que todo sufrimiento es la antesala de un cambio para mejor.

   Observas lo que sientes, le permites extenderse en tu cuerpo. Miras el malestar con ternura. Y cuando ya averiguas cómo se manifiesta en tu cuerpo, lo imaginas delante de ti.

2. **Ahora te colocas dentro de tu síntoma, dentro del malestar.**

   Representas el malestar, experimentas en tu cuerpo la sensación que te da.

Te dejas mover, muy lentamente. Estás en vacío. Sin querer analizar ni entender. Distintas partes de tu cuerpo van a poder liberar un trauma retenido desde hace mucho, quizás incluso desde hace varias generaciones. No buscamos entender. No hacemos nada. Nos dejamos actuar, muy lentamente.

Puede durar varios minutos. Lo importante es el centramiento, el vacío. Si aparece una emoción, nos centramos más todavía. Lo sanador es el movimiento corporal. Puede que salga un sollozo o algo muy profundo. Nunca es melodramático. Es mucho más profundo que eso.

En silencio completo, silencio interno máximo.

Con la conciencia de la mirada comprensiva del adulto.

3. **Llegará una transformación:** sin quererlo ni pensarlo, poco a poco el cuerpo se erguirá y nos iremos acercando muy lentamente a la vida. La sensación interna cambiará radicalmente.

El adulto y el malestar transmutado ya hacen uno.

La alegría, la fuerza, la rendición y la gratitud te inundarán.

Corte de dependencia

Adaptación de un ejercicio clásico de PNL.

1. **De qué o de quién quieres independizarte.**
Piensa en algo o en alguien con el cual te sientes excesivamente involucrado. Puede tratarse de una per-

sona, una situación, una cosa, un trabajo o un lugar que ya pertenece al pasado y de lo que no consigues deshacerte. Imagina que lo tienes frente a ti, de pie. Ahora aproxímate a él y da una o dos vueltas a su alrededor, observándolo detenidamente. Experimenta las sensaciones que te produce su cercanía. Percibe todos tus sentimientos, sobre todo aquellos que consideres excesivos.

2. **El vínculo.**
    Aléjate un poco y sitúate enfrente de ese alguien o algo, a una distancia de dos metros aproximadamente. Ahora imagina que tus sensaciones de dependencia se materializan en un lazo físico de unión. Podría ser una cuerda, una cinta, un haz de luz o cualquier otra cosa que os una. Fíjate bien en ese vínculo, de dónde parte, cómo es su grosor, su dureza, su forma en general. Evalúa cómo sería vuestra relación sin ese vínculo, cómo te sentirías tú sin ese vínculo, pero no lo deshagas todavía.

3. **Los beneficios de esta relación.**
    Pregúntate por las cosas que te satisfacen de esa persona, por aquellos valores que la hacen especial para ti y qué beneficios te supone contar con su apoyo.

4. **Crea tu Yo Realizado.**
    Ahora, aproxímate a un metro del otro y, a tu derecha, crea una imagen tridimensional, lo más nítida posible, de ti mismo. Imagínate tal como serías si hubieses evolucionado más allá de tu nivel actual de realización; si conoces el holograma, se trata de tu imagen holográfica.

Ese otro tú ya ha resuelto los asuntos que estás abordando ahora. Es nutriente y protector, y puede darte lo que realmente necesitas.

Además de esos valores, añádele a esa imagen de ti mismo aquellas cualidades que más aprecias de la otra persona. Imagina que tu Yo Realizado posee también los valores del otro, esos valores que te atraían tanto.

5. **Nueva conexión.**

Ahora vuelve a centrar tu atención en la persona que estaba frente a ti. Vas a imaginar un instrumento cortante (un cuchillo, unas tijeras, un rayo láser, etc.) y, cuando te lo diga, y no antes, vas a cortar de un solo tajo ese vínculo material.

A continuación, notarás que el trozo de ese vínculo que corresponde al otro se introducirá en su cuerpo hasta que no quede rastro material de él.

Tú, entonces, te orientarás hacia la imagen de tu Yo Realizado y te conectarás con ella mediante el trozo que te queda a ti, creando una unión como la que tenías con la otra persona.

¿Estás preparado?

Toma el instrumento cortante y corta el vínculo.

Sigue las instrucciones anteriores, paso a paso.

Ahora vas a ir aproximándote a la imagen de tu Yo Realizado, dejando que el vínculo se encoja y os acerque, hasta que te fundas con esta imagen. Disfruta, durante el acercamiento y la fusión, del logro de ser dependiente de alguien en quien puedes confiar plenamente: tú mismo. Recibe de ti mismo lo que habías deseado de la otra persona y lo que suponen todos esos valores y cualidades de tu propio ser realizado.

> 6. **Despedir la antigua dependencia.**
> Ahora puedes despedirte con gratitud y darte cuenta de que, en este momento, ambos os sentís mejor. Que esta nueva perspectiva os permite estar incluso más presentes y libres uno frente al otro.
> Imagina una situación concreta que vas a vivir con esa persona y valora los cambios que experimentas.

El campo de resonancia mórfica que me toma

Es importante distinguir entre los campos morfogenéticos y los campos de resonancia mórfica.

Los primeros son la esencia de los sistemas familiares que transmiten cómo seguir viviendo, creciendo, perteneciendo. La memoria acumulada de una especie crea el único mapa posible para el desarrollo de cada ser.

Los campos morfogenéticos han encontrado su descripción científica y fenomenológica en la imagen holográfica del «ADN ondulatorio» descubierta por el biogenetista cuántico Gariaev (1942-2020)[13]. El holograma es la imagen holográfica del Ser Realizado. Representa la inclusión y la trascendencia de todo lo ocurrido en el sistema al que pertenece el individuo, trascendencia al servicio de la meta del sistema al que debe la vida, a su vez al servicio de los sistemas superiores y por ende del destino colectivo.

Los campos de resonancia mórfica, en cambio, son campos de memoria de eventos, actitudes y comportamientos puntuales, hipótesis que Rupert Sheldrake ha descrito con brillantez y profundidad y nosotros hemos experimentado, empíricamente, en el desarrollo de las nuevas constelaciones.

---

[13] Véase https://www.insconsfa.com/art_el_holograma_y_el_dr_g.php.

Todo lo que se vive es inmediatamente memorizado y transmitido a todos los que resuenen con ello, ya sea la temperatura del agua cuando esta se solidifica o la ira reprimida del alumno tratado injustamente por su maestra. Esa «nube» de memoria crea una resonancia irresistible que provoca la repetición del comportamiento, aunque no tenga sentido. Es difícil hacer algo por primera vez y mucho más fácil repetirse o repetir algo ya hecho.

Conforme más individuos son atrapados por la resonancia, más fuerte será la tendencia instintiva a la imitación de un comportamiento X por parte de todos los siguientes.

El campo mórfico es solo información. Cuantos más individuos o sistemas hagan uso de esa información, más repetición de ella habrá, más fácil será vivir esa información. Gracias a ello, cada ser vivo no tiene que empezar de cero cuando nace, sino que se beneficia de la experiencia anterior de toda la humanidad.

Para los seres humanos esa información es paradójica: estaremos impulsados a imitar automáticamente tanto lo doloroso y desordenado como lo creativo y autónomo. Si bien esta imitación es instintiva, nuestra voluntad consciente se pone al servicio de ella, pues el motor que nos mantiene en la repetición es la sensación de seguridad que nos da la repetición y el sentimiento de culpa que nace si queremos prescindir de esta imitación. Solo el agradecimiento nos podrá liberar de los patrones limitantes, que se transformarán en fuerzas posibilitadoras.

Podemos observarlo continuamente: hemos sanado algo, ¡por fin! Pero al cabo de unos meses ese algo vuelve, ya no tiene sentido, pero sí, vuelve. La explicación está en que hemos pertenecido durante años al campo mórfico de ese algo (tristeza, rabia, celos, etc.), las condiciones que lo crearon han desaparecido, pero no tuvimos conciencia de estar atrapados por ese campo mórfico y no nos despedimos de él, y seguiremos agarrados por su resonancia hasta el momento en que nos rindamos con humildad a ese campo, visualizando los millones de personas atrapadas en su resonancia, agradeciendo el comportamiento del que nos queremos deshacer, que en su principio fue de una gran ayuda, y entonces le podremos decir: *«Ya está, ha terminado, gracias»*.

El respeto agradecido de los vivos a esta memoria permanente tiene un efecto extraordinario sobre ella: el vínculo de imitación ciega que nos ata a la memoria desaparece y el mismo campo mórfico se modifica, ahora memoriza una nueva actitud creativa al servicio de la vida.

Todo campo de resonancia mórfica limitante está a la espera de esta transformación. Son campos, llamados también inconsciente colectivo o arquetipos, que crean comportamientos colectivos sobre los que podemos influir desde nuestra decisión individual de respeto y agradecimiento. Es uno de los modos que tenemos de transformar el nivel de conciencia de la humanidad.

La fuerza de sanación de los vivos adultos y conscientes es inmensa. Nuestra capacidad para crear sanación depende enteramente de nosotros. Nuestro guía nos orienta una y otra vez hacia ello.

Podemos hacer este ejercicio para soltar la influencia de un comportamiento nocivo repetitivo o para reforzar un campo posibilitador, una fuerza de vida creativa, una cualidad que queremos ampliar en nosotros.

La memoria de ese campo no desaparecerá inmediatamente de nuestras células, será necesario darse tiempo y volver a hacer el ejercicio de vez en cuando.

Se puede hacer con dos personas o uno solo. Aquí lo describo para uno solo.

1. **Uno se representa a sí mismo,** mirando ese campo que le ha atrapado con su resonancia. Lo imagina frente a sí

mismo, como una silueta de pie encima de una silla, para resaltar su grandeza y extensión.

Se da cuenta de los miles de personas que están resonando con ese campo, atrapados por lo mismo que él.

2. **Ahora representa el campo,** subiéndose a la silla (o algo equivalente). Va a sentir en su cuerpo lo que ese campo representa. Se lo describe con palabras, con la mayor precisión posible.

3. **De nuevo la persona hace de sí misma.**

    Reconoce el comportamiento descrito por el campo, observa la multitud de personas atrapadas en esa actitud sin saber salir de ella.

    Dice al campo: «*Me reconozco, soy como todos vosotros*».

    A la actitud: «*Al principio me ayudaste a sobrevivir. Te amo. Ya he crecido, esto ha terminado*».

    Al campo: «*Te honro. Te amo. Gracias*».

    Quizás se tenga que postrar y esperar en esa actitud hasta percibir una transformación en el campo. Si no la percibe, se sube a la silla para sentir la información del campo.

4. **Liberación final.**

    Progresivamente ambos se irán transformando.

    En algún momento el campo quizás baje de la silla.

    En otro momento, la persona se sentirá impulsada a dirigirse hacia la vida, con agradecimiento, nuevas percepciones y nueva energía.

Estar atrapado por un movimiento de compensación

La fuerza del amor del «equilibrio entre dar y recibir» crea un movimiento continuo e instintivo de compensación. A veces nuestras dificultades de fondo son causadas por este movimiento. Unos ancestros que no consiguieron asumir o compensar algo grave de su vida, creando un importante desequilibrio, emiten el mandato inconsciente «*Tú por mí o tú por nosotros, tú pagarás por mí o por nosotros*». Y tú, con todo tu amor incondicional de criatura pequeña, respondiste: «*Sí, yo por ti, yo por vosotros. Pagaré por ti, expiaré en tu lugar*».

> Delante de ti está el movimiento de compensación, individual o colectivo, que te atrapa, sin que tú sepas de qué se trata.
>
> Te vas a poner alternativamente en ti y en ese movimiento.
>
> Cuando estás en tu lugar, a pesar del malestar que puedas sentir, dices al movimiento de compensación: «*Veo tu dolor*», o «*Veo vuestro dolor*», según lo que percibas.
>
> Vuelves a ponerte en el movimiento de compensación para vivir su transformación, y luego vuelves a ti.
>
> Y sigues haciéndolo así: cuando vuelves a tu lugar, dices una frase; dejas pasar unos segundos y vas donde el movimiento para sentir su reacción a tu frase. Luego vuelves a ti, y así alternativamente hasta que todo esté liberado y tú te puedas dirigir de nuevo hacia la vida, liberado y expandido.
>
> Sentirás con tu guía qué frase es útil. En cuanto se ha liberado lo que está enfrente de ti, te quedas en silencio. Las frases pueden ser:

> *Veo tu dolor.*
> *Te amo.*
> *Veo tu culpa y la dejo contigo, no me concierne.*
> *Todo ha terminado. El peligro también. La culpa también.*
> *Ya está todo pagado.*
> *Tú por ti, yo por mí.* (Varias veces hasta que sientas que tú te alivias y ellos, o él, cambian también).
> *Asiento a todo y elijo disfrutar de la vida.*

Culpa por salir de un grupo de pertenencia

Las dificultades que duran.

A menudo hemos sanado asuntos importantes de nuestra vida y sin embargo no observamos cambios. Una fidelidad al pasado nos retiene, más o menos conscientemente.

Por ejemplo, hemos tenido una relación muy cercana con los hermanos y ahora no nos atrevemos a decepcionarles con nuestra nueva autonomía. O bien con la madre o el padre, o con un grupo de amigos, o un grupo de reflexión, o un grupo profesional, o, si somos mujer, la solidaridad con las mujeres feministas, o, si somos hombre, la solidaridad con los hombres «x», o una antigua pareja, etc. No nos atrevemos a vivir plenamente el cambio en el que estamos encaminados.

Nuestra fidelidad a una antigua pertenencia (hermanos, amigos, profesionales, redes, etc.) nos impide plantear la solución que realmente resolvería el asunto X.

Crecer y mejorar es hacernos más autónomos, más independientes. Para ello hay que poder soportar la culpabilidad y la soledad que nos dan el cambiar y ser distintos de ciertas personas.

En este trabajo vamos a ver que no nos atrevemos a tomar nuestra autonomía hasta que ese grupo de pertenencia nos lo permita. Pero ese grupo nos dará su aprobación únicamente cuando le agradezcamos todo lo que nos dio.

Dos personas. Si estás sola o solo, ocuparás alternativamente los dos papeles y solo hablarás cuando te representes a ti mismo.

La persona dice al otro: «*Tú eres ese grupo de pertenencia que me intimida y yo soy yo con mi problema*».

No es necesario identificar al grupo de pertenencia al principio. De todos modos, al representarlo, la persona recibirá información. Ese grupo lo mismo puede representar a una persona que a doscientas.

Las frases que la persona puede decir son:

Gracias por todo lo que me has dado.
Juntos hemos vivido algo muy grande.
Tú has sido muy importante para mí.
Contigo he crecido mucho y gracias a ti ahora me voy hacia algo nuevo.
Conservaré para ti un cariño y una gratitud especiales.

Se hace el ejercicio hasta que haya una sanación en la relación entre los dos: el otro desea que sigas con tu vida y tú te sientes sin culpa por haber crecido y libre para ir hacia algo nuevo.

Integrar un duelo[14]

Para ayudar a alguien a hacer un duelo, o para uno mismo.

Para despedir algo o a alguien (cambiar de piso, de trabajo, separación de una pareja), para soltar una dependencia (por ejemplo, a una antigua pareja).

Este ejercicio, o partes de él, se pueden repetir las veces que sean necesarias.

Fase 1: Experimentar la presencia

1. **Experimentar la ausencia, el vacío.**

    Ayudar a la persona a pensar en la persona o vivencia desaparecida y ver qué imagen quiere conservar de ella, en lugar de una escena de dolor, ruptura o ausencia.

    Precisar bien los elementos sensoriales de esta imagen: imagen clara, oscura, en movimiento, fija, grande, pe-

---

[14] Adaptación de la propuesta de Josiane de Saint Paul y Sylvie Tenenbaum en *L'esprit de la magie. La programmation neuro-linguistique*.

queña, cercana, lejana, lo que se dice u oye en su cabeza (palabras, sonidos, de qué tipo), lo que siente en su cuerpo.

Aclarar lo que la persona ha perdido con esa persona o situación:

¿Qué cualidades tenía?
¿Qué valores y cosas importantes te aportaba esa relación?
¿Qué «regalos» materiales, psicológicos o físicos recibías de esa persona?
¿Qué regalos le dabas tú?
¿Qué cosas especiales tenía tu vida gracias a esa relación? Etc.

2. **Experimentar la presencia.**

   Pídele a la persona que piense en alguien, o en una experiencia, que ya no está pero que recuerda con alegría (una abuela, una mascota, etc.), como una riqueza, un recurso, alguien físicamente ausente cuyo recuerdo o presencia mental es agradable y vivida como una ayuda.

   Precisar los elementos sensoriales del recuerdo de este ausente.

3. **Verificación ecológica.**

   Es importante preguntar: «*¿Puede haber un inconveniente en cambiar la experiencia de dolor por una experiencia de presencia positiva?*». En efecto, si se trata de una muerte, la persona puede sentirse culpable de traición o infidelidad, o si se trata de una ruptura pude tener miedo de sufrir más si se acuerda de modo positivo del que ha perdido.

   Si encontramos este obstáculo, se puede decir a la persona: «*Si tú te murieras, ¿te gustaría que tus allega-*

dos se quedasen tristes el resto de su vida, o bien que se acordasen de ti con alegría y amor pensando en todo lo que les has aportado?».

En caso de una separación: *«¿Prefieres conservar tu pena y tu frustración o quieres llegar a pensar en esta persona de un modo desapasionado y positivo conservando todas las riquezas que vuestra experiencia común te ha aportado?».*

4. **Comparar las dos imágenes.**

    Comparar los elementos sensoriales de la imagen de la ausencia (punto 1) y la imagen de la experiencia de plenitud (punto 2). Identificar las diferencias.

5. **Cambiar la imagen.**

    Instalar los elementos sensoriales de plenitud en la imagen de ausencia: poner los mismos colores, sonidos y sensaciones. El contenido de la imagen suele seguir siendo el mismo.

6. **Verificación.**

    Invitar a la persona a que vuelva a pensar en la persona que ha perdido y preguntarle lo que siente. Si el dolor no ha desaparecido es que los elementos sensoriales no han sido bien modificados; rehacer entonces los punto 4 y 5.

Fase 2: Preparar el futuro

1. **Identificar los valores.**

    Identificar las cualidades de esa persona que ya no está o de la que se está separando, las cualidades que daban todo el valor a esa relación, las que hacían de esa relación algo precioso y único.

Apuntar los valores y criterios importantes de la persona.

2. **Proyectar el futuro.**

    Ayudar a la persona a que imagine en el futuro situaciones en que esos mismos valores y criterios estén satisfechos.

3. **Verificación ecológica.**

    Preguntarle si tiene objeciones para construir estas experiencias en su futuro. A veces será útil, como en la fase anterior, darse permiso o cambiar creencias que puedan frenar la capacidad de proyección en el futuro.

4. **Llenar el futuro de presencia.**

    Imaginar la línea del futuro que parte del presente, de delante de la persona.

    Cuando visualice su futuro en esta línea, la persona va a colocar las situaciones de sustitución (imaginadas en el punto 2) en distintos momentos de su vida empezando por hoy. Puede proponer la metáfora de un gran juego de naipes, con centenares de figuras representando experiencias positivas: la persona lee los valores apuntados anteriormente e imagina que son naipes que va lanzando a lo largo de toda la línea del futuro, a la vez que guarda algunas cartas para el presente. Se la invita a precisar la localización de las cartas más importantes.

Colapso de anclas o transmutar un malestar habitual

El objetivo de este ejercicio es anular un malestar que solemos tener, por ejemplo, al levantarnos por la mañana, la depresión del domingo por la tarde...

La técnica va a consistir en sustituir el reflejo condicionado (anclaje) desagradable por otro agradable y estimulante.

1. **Instalación del anclaje estimulante.**

    Busca tres experiencias agradables en las que te sentiste confiado, creativo y lleno de recursos. Mejor si pertenecen a épocas distintas de la vida.

    - Sucesivamente, con la mano izquierda apoyada en un punto preciso de tu muslo izquierdo (siempre el mismo), vas a recordar cada experiencia agradable de diez a veinte segundos, como si la estuvieras viviendo de nuevo.
    - Al final de cada recuerdo, levantas la mano y piensas en otra cosa durante unos tres o cuatro segundos.

2. **Anclaje del malestar.**

    Ahora vas a anclar este malestar que te limita o te bloquea. Busca un momento muy claro de este malestar.

    - Pon la mano derecha en un punto de tu muslo derecho. Recuerda esa experiencia de malestar durante unos segundos. Al terminar levanta la mano.

- Ahora, sin pensar en nada, vuelve a tocar ese punto del muslo derecho. Deberías sentir espontáneamente el malestar.

  Si no es así, repite este paso.

3. **Realización del colapso.**
   - Primero vas a volver a tocar tu muslo derecho con tu mano derecha, sintiendo la experiencia desagradable, y, manteniendo la mano derecha en el muslo derecho, pon tu mano izquierda sobre el punto del muslo izquierdo donde anclaste las experiencias agradables.
   - Esperas con una mano en cada muslo. Vas a experimentar profundos movimientos internos.
   - Después, cuando el malestar ha pasado de desagradable a neutro o agradable, levantas primero el anclaje de la mano derecha, esperas dos o tres segundos y levantas la mano izquierda.
   - Comprobación: imaginas que vuelves a encontrarte en la situación que antes te producía malestar y observas lo que ahora sientes.

Acoger a las partes que sufren

Visualización para sanar una emoción o un estado de ánimo, inspirada por los principios de autohipnosis de la PNL.

- Saludo a mi inconsciente con mucho respeto y le doy las gracias por lo que hace por mí, de día y de noche, sin descanso, velando por mi bien.

- Saludo a todas las partes de mi inconsciente y les transmito todo mi cariño, todo mi respeto, les doy mi agradecimiento por todo lo que hacen por mí. Doy las gracias en particular a las partes que han conseguido su liberación.
- Pido a las partes liberadas de mi inconsciente que saluden con mucho respeto a las partes que están sufriendo ahora. Pido a todas las partes de mi inconsciente que acojan con mucho cariño a las partes que empiezan a buscar su liberación. Pido a todo el inconsciente que haga sitio a las partes que sufren, que las comprenda, las acepte, confíe en ellas y les dé las gracias por estar ahí.
- Pido a TODAS las partes de mi inconsciente que durante dos minutos de reloj (o cinco, o diez...), a partir del momento en que diga AHORA, se miren las unas a las otras con amor y con confianza, de modo que las partes que sufren se sientan queridas y comprendidas: «AHORA»...

Cuando recibo la señal de que el tiempo ha sido cumplido: «¡GRACIAS!».

SANANDO UNA PARTE DE MI INCONSCIENTE QUE SUFRE

Variación de la visualización anterior.

- Saludo a mi inconsciente con mucho respeto y le doy las gracias por lo que hace por mí, de día y de noche, sin descanso, velando por mi bien.

- Pido respetuosa y cariñosamente a mi inconsciente que identifique las partes de mi inconsciente que ahora mismo están sufriendo. Que me dé la señal del sí (un movimiento involuntario o una sensación) cuando esté hecho. Gracias.

  Pido respetuosamente a mi inconsciente que me diga cuántas son esas partes que sufren.

  Pido respetuosamente a mi inconsciente que me diga qué nombre tiene cada una. ¿La primera?… Gracias. ¿La segunda?… Gracias. ¿La tercera?… Gracias. Etc.
- Ahora saludo con mucho cariño y agradecimiento a las partes de mi inconsciente que están sufriendo. Les aseguro que las quiero, las escucho y deseo que se liberen.

  Pido a mi inconsciente que guarde en un lugar seguro y totalmente disponible todos los aprendizajes que he realizado gracias al sufrimiento de estas partes. Gracias.
- Pido a mi inconsciente que encuentre los tres recuerdos que tengan los recursos necesarios y suficientes para sanar estas partes que sufren hoy. Cuando las haya encontrado, le pido que me dé la señal del sí. Gracias.
- Pido a mi inconsciente que extraiga del pasado estos recuerdos y los ponga en mí aquí y ahora el tiempo necesario para que las partes que sufren se impregnen de estos recursos hasta sanarse. Le pido que me dé la señal del sí cuando se haya realizado el proceso. Gracias.
- Doy las gracias a mi inconsciente y a las partes que sufrían y ahora se han liberado.

Calmar una reacción emocional desproporcionada

Una reacción desproporcionada nos habla de un antiguo trauma que se asoma. Después de calmar este antiguo dolor necesitarás sanarlo con «Integrar traumas y conflictos».

Para empezar puedes calmar esta reacción excesiva.

Este ejercicio está presentado aquí para una sola persona, para que cada uno lo pueda hacer cuando lo necesite.

Representas tu reacción desproporcionada y te dices: *«Me abro al movimiento del amor en acción»*.

Te dejas mover sin saber por qué, sientes cómo se mueve y adónde mira tu reacción emocional.

Allí donde mira hay una persona. Y si mira a distintos sitios, está señalando a distintas personas.

Entonces, te colocas en la persona a la que mira tu reacción. Esperas, como en constelación, sientes cómo se mueve y adónde mira.

Y surgirá seguramente otra persona. Y también te pones en ella.

Y al final te pones de nuevo en tu reacción y vives todos sus movimientos hasta que sientas que se han acabado, sin forzar nada, sin pensar que hay que hacer algo en concreto, sin decir nada.

Autosanación

Nuestro potencial es inmenso. Empezaremos a descubrirlo.

> Centrado, con la espalda recta, los hombros hacia atrás y relajados.
>
> 1. **¿Qué problema quieres sanar?**
>   - Un dolor.
>   - Una relación difícil.
>   - Algo de tu trabajo, algo que te desagrada o te angustia.
>   - Un proyecto que no acabas de terminar.
>
>   **Crea una imagen de ello** que te permita percibir todo el malestar o dolor que sientes. Observa bien en tu cuerpo ese malestar, disgusto, falta de energía; también date cuenta de las palabras o frases que te vienen: «*No voy a poder*», «*No tiene solución*», etc.
>
> 2. **La conexión con tu máxima energía.**
>
>   Haces una inspiración profunda. Te conectas con tu centro unos segundos. Ahora decides respirar desde el corazón, durante varios segundos. Procura mantener esta respiración durante todo el ejercicio.
>
>   Recuerda algo que te produce felicidad, plenitud, bienestar máximo: algo bello, una sonrisa, la cara de un niño, etc.
>
>   Si has elegido un dolor físico, necesitas encontrar una zona de tu cuerpo que te haga sentir bien, relajado, cómodo, expandido.

Ten la imagen de lo que te hace sentir bien delante de ti a una cierta distancia, ligeramente por encima de la línea del horizonte.

Mírala durante un minuto, percibiendo y disfrutando de todas las sensaciones que te produce, sintiendo la energía expandirse en ti.

3. **Manteniéndote en esta sensación de energía y de plenitud, miras ahora la imagen de lo que quieres sanar.**

   Quédate unos segundos mirando lo doloroso con las sensaciones de la imagen de plenitud.

   Luego vuelve a recargar tu energía mirando de nuevo la imagen de plenitud.

   Haz este vaivén de la mirada varias veces, de una imagen a la otra, hasta sentir que las dos imágenes te producen la misma sensación: el dolor, la angustia o la impotencia han desaparecido, en su lugar solo sientes energía de bienestar.

   Una nueva frase habrá surgido de tu interior: «*Ya está*», «*Sí, puedo*», «*Qué bien*», etc.

4. **Ahora puedes acercar las dos imágenes** para unirlas, una junto a la otra, y disfrutar de una única sensación de energía y bienestar, durante unos segundos, repitiéndote tu frase sanadora.

5. **La prueba de fuego:** haces desaparecer la imagen de bienestar y felicidad y solo se queda la imagen que querías sanar, que ahora te tiene que producir tanta energía, bienestar y felicidad como la imagen de plenitud. Acompáñalo de tu frase sanadora. Disfrútalo el tiempo que te apetezca.

Atenuar el pasado

Permite transformar el recuerdo de una situación que te duele. Que la situación sea muy reciente o muy antigua, es lo mismo.

> Tienes esta situación delante de ti. La imaginas, o la sientes, o piensas que está delante de ti.
> Imaginas o piensas que la estás viendo en una pantalla y que poco a poco le vas quitando la luz y los colores. Los colores se van haciendo cada vez más grises.
> Los sonidos se han apagado.
> Alejas la pantalla hasta dejar de sentir emociones y hasta que la escena sea prácticamente imposible de distinguir.
> Colocas un marco a este cuadro. Date cuenta de qué color, qué material y qué forma tiene este marco.
> Ahora colocas este cuadro a tu izquierda, a la distancia que sea más cómoda para ti.
> Le dices: «*Así fue. Gracias por lo que me enseñaste y lo que crecí gracias a ti*». (Es posible que el color del cuadro cambie). «*Me despido. Hoy es distinto de ayer. Hoy puedo y decido que puedo*».
> Ahora miras hacia delante, sintiendo en tu cuerpo el cambio, y con toda tu determinación avanzas varios pasos hacia tu nuevo futuro. Disfrutas de lo que vas sintiendo.
> Puedes volver a dar estos pasos, dos o tres veces más, hasta que te sientas en lo mejor de ti mismo.
> El pasado, una vez agradecido y despedido, se transforma siempre *en fertilizante del presente*.

Hablando con la angustia

La angustia no es una emoción, sino la protección de una emoción devastadora.

Según el lugar del cuerpo en el que se manifiesta la angustia, sabremos de qué emoción se trata.

La presencia de la angustia nos habla necesariamente de una emoción antigua, que en su momento no fuimos capaces de vivir o que perteneció a un ancestro.

Además de esta actitud de atención y acogida permanente a nuestras angustias y otras señales corporales, a menudo conviene realizar otros ejercicios como los siguientes: «La finalidad de mi malestar», «Cambiar una decisión del guion de vida», «Ordenar nuestra vida», «Integrar traumas y conflictos» o «El adulto y la angustia».

Ya que es una protección, una angustia necesita sentir nuestro cariño y gratitud.

Luego le comunicaremos que ya somos capaces de gestionar esa emoción. Es posible que paulatinamente la reconozcamos. La saludaremos, recordándole que viene del pasado, que su papel ha terminado y, aun así, se puede quedar el tiempo que necesite para ir despidiéndose.

Primero, observamos el aspecto de nuestra angustia, dónde está exactamente en nuestro cuerpo; qué forma, qué color tiene; de qué material está hecha; si tiene peso, temperatura; etc.

Así, la podemos ver ahora enfrente de nosotros, y posiblemente iremos advirtiendo cambios en su aspecto mientras le estemos hablando:

> *Hola, angustia, te saludo.*
> *Gracias por protegerme de una emoción que fue muy grande para mí.*
> *Acaba de surgir algo que despierta algo muy antiguo en mí.*
> *Gracias por protegerme de ello.*
> *Cuando quieras te podrás retirar.*
> *Ahora ya puedo.*
> *Hoy es distinto de ayer.*
> *He crecido.*
> *Puedo con lo que está pasando.*
> *Lo que me muestras ya terminó.*
> *Te dejo mi espacio y mi tiempo para que te retires a tu ritmo.*
>
> Ahora hablamos con la emoción oculta detrás de la angustia (aunque no entendamos de qué se trata):
>
> > *Esto ya pasó.*
> > *Todo fue necesario como fue.*
> > *Gracias.*
>
> Lo tendrás que repetir varias veces, hasta que la emoción termine su ciclo y se vaya.

El adulto y la angustia

Podremos mostrarnos muy agradecidos a las circunstancias que despierten angustias, pues nos van a permitir liberar asuntos bloqueados muy antiguos.

Tres lugares: tu Estado del Yo Adulto, tu angustia y tu Estado del Yo Niño.

Vas a estar en cada uno para ver cómo y dónde se colocan.

Te pones en tu Estado del Yo Adulto.

Te das cuenta de que al principio el Estado Niño y la angustia lo invaden todo.

Decides permanecer en tu Estado Adulto, más fuerte y más grande que el Estado Niño.

Con compasión y gratitud, miras a la angustia y al Estado Niño y les dices:

Yo puedo con esto, vosotros no.
Gracias por mirar lo que estáis mirando.
Yo me hago cargo de todo esto.
Todo sirvió.
Y ahora ha terminado.
Nos necesitan en la vida.
Tomo la vida como es.
Puedo con la vida exactamente como es.
Yo puedo.

7
Traumas, abusos

Todos hemos vivido varios traumas, la mayoría de ellos han sido olvidados gracias a un potente mecanismo de adaptación: la disociación[15]. Estos antiguos traumas solo se manifiestan a través de reacciones incoherentes y desproporcionadas o mediante bloqueos de la energía o de la mente (sentirse paralizado, mente en blanco). Los principales traumas tuvieron lugar en nuestra infancia. También, todos hemos heredado varios traumas de ancestros que el ejercicio presentado sacará a la luz.

Veremos cómo comprender, liberar e integrar las agresiones que hemos sufrido. Comprenderemos el proceso por el que una persona se transforma en perpetradora, pudiendo así acoger nuestras rabias y enfados e iniciar un proceso de reconciliación con los que nos hicieron daño.

Terminaremos con unas propuestas para aliviar los traumas debidos a abusos sexuales.

---

[15] Peter Levine es el gran experto mundial en resolución de traumas y estrés postraumático. En su libro *En una voz no hablada*, describe con precisión, de un modo muy documentado y apoyado en su gran experiencia, las consecuencias de un trauma y las etapas de la salida de ese trauma; en particular, la transformación de la agresividad postraumática.

El enfado constante

El enfado primario, el auténtico, dura muy pocos segundos. La adrenalina y el cortisol aumentan súbitamente en cuanto alguien abusa de nosotros (ya sea con un grito, una frase con mala intención o una agresión), y en los segundos siguientes el cuerpo se tensa para actuar e interrumpir inmediatamente ese abuso. La otra persona nos mira sorprendida, de igual a igual. La agresividad se desvanece, en pocos segundos la seguridad ha vuelto, la persona ha crecido y está de nuevo en calma.

Si nuestro enfado dura más de ocho segundos, no es primario, no nace de la situación presente y no podrá cumplir con su meta: alejar el peligro.

El enfado persistente nos habla del pasado, de un antiguo dolor. O bien está sustituyendo una emoción bloqueada, como la culpa, el miedo o el amor, o bien se ha conectado con la rabia reprimida acumulada desde hace años y está desbordándonos.

Siéntate cómodamente.

Cierra los ojos si quieres.

Haz varias respiraciones.

Ahora imagina tu enfado delante de ti. Lo ves muy grande. Obsérvalo. Siente también su presencia en tu cuerpo. Revisa tu infancia hasta que aparezcan imágenes de personas, importantes para ti, llenas de enfado.

Ahora, detrás de tu enfado tan grande, vas a descubrir un dolor, muy pequeño, asustado y escondido. Tiene mucho miedo de ser visto. Miedo a ser castigado, a ser rechazado.

Lo miras con amor y lo acoges como a un niño pequeño paralizado por el terror.

A ese dolor lo reconoces como tu dolor. Ese dolor que no te atreviste a vivir ni a mostrar.

Lo tomas ahora como tuyo. Le das todo el espacio que necesita dentro de tu cuerpo. Le das tu tiempo y tu espacio. Lloras con él, sin dejarte dominar por él.

Sufres con él, hasta que la calma vuelva.

Ahora te sientes más expandido, con mayor comprensión de la vida, lleno de compasión hacia todos y hacia todo.

Busca tu enfado; ha desaparecido.

Integrar traumas y conflictos

Con este ejercicio vamos acercándonos paulatinamente a los traumas ocultos de nuestro pasado, descargándolos poco a poco de su excesiva carga.

Trabajaremos a menudo «a ciegas», sin saber de antemano qué conflicto o trauma va a surgir.

Elige un malestar incomprensible, algo que te pone la mente en blanco, algo que solo puede tener su origen en el pasado.

En el suelo, imagina la línea de tu vida. Coloca algo en el suelo para señalar el momento presente, el de tu nacimiento y el de tu concepción. Que haya espacio para varias generaciones anteriores.

```
            Concepción   Nacimiento         Presente
                 ✸            ✸                 ✸
    ─────────────┼────────────┼─────────────────┼──────────
    Pasado                                              Futuro
```

Te pones en el momento presente, mirando hacia el futuro, muy centrado, sintiendo todo tu cuerpo, tu respiración y tu corazón. Sientes en tu cuerpo tu malestar, con la mayor precisión posible.

Vas a empezar a andar hacia atrás sobre la línea de tu vida, desde el presente hacia tu concepción, muy despacio, muy centrado en tus sensaciones.

Cada paso que das hacia atrás son varios años hacia tu nacimiento.

Te paras a cada paso para sentir cómo evoluciona la sensación: puede ir a más, a menos o transformarse.

La meta es llegar al lugar de esta línea en que todo malestar haya desaparecido, un lugar en el que te sientas muy cómodo. En ese momento, estarás en una etapa de tu vida justo anterior al evento traumático.

Vas a notar vaivén en tus sensaciones, momentos en los que se van a intensificar, otros en los que casi desaparecen.

Cuando por fin llegas a un lugar de calma, fuerza o bienestar, te detienes. Permaneces en ese lugar, sintiendo. Quizás te vengan imágenes, información, recuerdos, o nada. No tiene importancia. Puede que hayas tenido que ir más allá de tu concepción, a alguna generación anterior…

Ahora inicias la sanación de ese trauma, pidiendo la fuerza para resolver ese acontecimiento: «*Querido inconsciente, dame ahora todos los recursos que necesito para superar esta prueba en total armonía. Gracias*».

Esta frase te va a abrir a una fuerza que te empujará hacia el presente. Se trata de la presencia de tus recursos. Si hace falta, repites la frase.

Notas la transformación dentro de ti y te dejas empujar hacia el presente.

Cuando has llegado al presente, observas cómo te sientes.

Y ahora vuelves al lugar donde nació el trauma, y esta vez esperas unos segundos, en silencio, para experimentar una nueva fuerza que se instala en ti, hasta que esa misma fuerza te impulse hacia delante, hasta el presente.

De nuevo experimentas cómo te sientes y compruebas que es distinto de antes.

Y repites este movimiento dos o tres veces, hasta que te sientas al máximo de ti mismo…

Lo que rechazo

Lo que rechazamos crece en nosotros y a nuestro alrededor. A pesar de su sencillez, este ejercicio es muy potente.

Puedes elegir trabajar «lo que rechazas» o «lo que rechazas de ti mismo».

Dos personas, A y B.

La persona A representa «lo que ella misma rechaza», sin saber de qué se trata. La otra, B, representa a A.

Cada uno puede decir lo esencial de lo que siente de un modo muy centrado.

Y dejamos que se desarrolle el movimiento sanador.

Luego se intercambian los papeles para que la segunda persona represente lo que ella rechaza.

Miedos

Adaptación de un ejercicio típico de PNL. Se puede utilizar para todos los miedos que tenemos: a conducir, a un examen, a alguien…

El ejercicio está descrito para utilizarlo uno solo.

1. **La intención positiva del miedo.**

   Primero nos damos cuenta de que ese miedo que queremos trabajar nos permitió adaptarnos a un peligro, fue un aprendizaje muy rápido. Nuestro inconsciente es capaz de aprender nuevas respuestas con la misma rapidez.

   La «parte de nuestro inconsciente» responsable de producir esa respuesta de miedo tiene siempre una intención positiva. Se lo agradecemos, y le informamos de nuestro deseo de cambio, que seguimos necesitando protección, pero ya no ante ese peligro, y le vamos a actualizar la información para que esa parte pueda protegernos mejor.

2. **Anclaje de seguridad y calma.**

   Nos vamos a crear un anclaje de calma y seguridad (véase el ejercicio «Crear un anclaje») y lo utilizaremos cada vez que sintamos inseguridad.

3. **Buscar cuál puede ser el recuerdo más lejano.**

   Buscaremos cuál puede ser el recuerdo más lejano de ese miedo. Y se utilizará este primer recuerdo de miedo.

4. **Imaginando la pantalla de un teléfono móvil a varios metros de distancia.**

   Proyectas en blanco y negro la escena traumática, a toda velocidad, en la pantalla del móvil. Te das cuenta de que con la distancia apenas se ve. Empiezas con una imagen anterior a la escena, luego se desarrolla la escena, y paras sobre una imagen posterior que se congela en la pantalla.

Ahora, dale a una tecla para que la escena se rebobine, muy rápidamente, en blanco y negro, hasta llegar a la primera imagen.

Reproduces la escena así, en blanco y negro y muy rápido, hasta que sientas que ha dejado de afectarte.

Ahora pones color y reproduces la escena más lentamente. Sigues alejado de la pantalla. Y pasas la escena hacia delante y hacia atrás, varias veces hasta no sentir nada ante ella.

Te das cuenta de que has sobrevivido a esa situación y te encuentras bien.

Te ayudas constantemente del anclaje de seguridad y calma.

5. **Apaga la pantalla y descubre la intención positiva.**

   Apagas la pantalla y descubres la intención positiva de la parte de tu inconsciente que te creó ese miedo. Dale las gracias.

6. **En una pantalla grande de TV, a todo color.**

   Ahora vas a pedir a tu yo más pequeño (de cuando la primera experiencia de miedo) que reviva una última vez, en esa pantalla grande y a todo color, ese momento de miedo, primero muy rápido, hacia delante y hacia atrás. Tú te pones dentro de tu yo pequeño, estás en la pantalla grande.

   Varias veces muy rápido, hasta que notes que no te afecta.

7. **Abrazas a tu yo más joven.**

   Le dices que ha sobrevivido a la experiencia, que ha crecido y mejorado, que tú, su Yo Adulto, le vas a cuidar y proteger, que ese momento de impotencia ha terminado, que ya es todo distinto. Le ofreces todo tu amor y tu agradecimiento.

Y ahora decidís entre los dos qué hacer con esta nueva fuerza disponible, la fuerza que tenías que gastar para alimentar el miedo.

8. **Comprobación.**
Te imaginas en unos días frente a la situación que te habría creado el miedo y observas lo que sientes ahora.

Miedo obsesivo. Lo que más miedo me da

Una obsesión es un compromiso entre una pulsión inconsciente muy culpabilizante y un comportamiento consciente, externo y visible, moral y socialmente correcto. Detrás de la obsesión hay que buscar precisamente su contrario, ahí está el significado de la obsesión: proteger a la persona de esta pulsión «demoníaca».

Un ejemplo. La obsesión por el orden y la limpieza protege de la pulsión de desordenar y ensuciarlo todo, permitiendo que esta pulsión esté dirigiéndolo todo aunque no se note, y así no sufra de culpabilidad: la persona está buscando sin cesar lo que pueda estar sucio o en desorden, tiene la mente dirigida por la pulsión...

Lo que temo de un modo obsesivo me protege de mi deseo inconsciente.

Otros ejemplos: el miedo obsesivo a tener un accidente me habla de mi promesa inconsciente a un ancestro de tener un accidente como él. El miedo a morir nos defiende de la fidelidad inconsciente de morir, de seguir en la muerte a un ancestro.

> Este ejercicio es muy liberador.
> Es conveniente hacerlo, aunque no se tenga conscientemente ningún «miedo obsesivo».
> Mejor entre dos personas, A y B.
> B representa a A, y A representa «lo que más miedo le da», sin saber de qué se trata.
> Y dejan que se desarrolle el movimiento sanador. Se informan mutuamente de lo que sienten o necesitan mientras están representando, sin perder su centramiento.

Los perpetradores

«Si queremos la paz, debemos abandonar la necesidad de la justicia aplicada al pasado. De lo contrario, los conflictos futuros son inevitables. La justicia solo concierne a los vivos. Por los muertos, cuyo destino queremos vengar, ya no podemos hacer nada. El impulso de lograr justicia para los que sufrieron y murieron nos da la sensación de hacer lo correcto, nos da una conciencia clara, pero el efecto es continuar la lucha sin fin»[16].

Vas a trabajar con los perpetradores que han hecho daño a tu familia en alguna generación. No hace falta saber lo que pasó. Solamente recordar que todo perpetrador fue primero una víctima.

> Con tu guía, sabrás si necesitas colocar a uno o a varios perpetradores.

---
[16] Maria Bürger de Castillo: *Los descubrimientos de Bert Hellinger con respecto a la paz y la reconciliación: La paz comienza en las almas*, Wilhelmshöhe, 2007.

> Habrá dos espacios: el de estos perpetradores y el tuyo.
> Empiezas representando a los perpetradores, imaginándote a ti delante de ellos.
> Luego te colocas en ti mismo/a, y les dices:
>
> *Os veo.*
> *Os amo.*
> *Todo perpetrador fue primero víctima.*
> *Veo vuestro dolor.*
> *Veo el daño que mis ancestros hicieron a vuestros ancestros.*
> *Todo ha terminado, la crueldad, la venganza y la culpa también.*
> *Soy como vosotros.*
>
> Es posible que se produzca un abrazo, un reconocimiento, o que ellos se tumben y tú te dirijas hacia la vida.

Cuando alguien nos agrede

Los asuntos no equilibrados en el pasado se van a compensar en el presente, aunque no tengan ningún sentido para las personas en juego. Las personas son impulsadas por el pasado y no lo pueden resistir.

> Tienes delante de ti a la persona que te ha hecho daño.
> Le dices (lentamente y sin emoción): «*Me has hecho mucho daño. Fue terrible*».
> Ahora te miras a ti mismo, miras tus sentimientos hacia esa persona, y te das cuenta de tus ganas de venganza, de tus ganas de hacerle el mismo daño o más que el que te hizo.

> Puedes decir: «*Soy como tú. Te dejo con tus fidelidades y tu responsabilidad. Tú eres querido así por Algo más grande*».
> Ahora miras tu vida: «*Me doy cuenta del daño que yo he hecho a otros. Lo asumo*».
> Ahora miras más allá de la persona que te agredió y te das cuenta de que formáis parte de un gran movimiento de compensación: «*Ahora veo el daño que mis ancestros hicieron a tus ancestros*».
> Vuelves a mirar a esa persona y observas el cambio que se ha producido en ambos.
> Le puedes decir entonces: «*Gracias por ser como eres*».

Cuando nos indignamos por una injusticia o un comportamiento

Enfado, rabia, crispación o indignación hablan de emociones inauténticas, pues son las que más fácilmente se proyectan. Es decir, que son las emociones que nos permiten ocultar nuestras «vergüenzas».

> En visualización.
> Tengo delante de mí a la persona cuya agresividad me duele o me rebela.
> Me doy cuenta de que la víctima no me interesa. Yo me siento más víctima que la víctima.
> Miro a los ojos al perpetrador. Me doy cuenta de lo que siento.
> Siento ganas de vengar a su víctima en su lugar. Me siento más capaz que ella. Veo mi ira.

> No quiero que haya una posibilidad de perdón o reconciliación entre ellos.
> Hago una espiración larga y profunda y después sigo respirando como si tuviera los pulmones en el vientre.
> Digo al perpetrador: «*En ti me encuentro a mí mismo/a*».
> Miro más allá del otro, a lo lejos, un tiempo largo. Después digo: «*Sí, asiento a todo*».
> Me alejo de los dos y mirando a ambos digo: «*Los tomo juntos en mi corazón. Honro sus destinos*».

Abusos sexuales

Los traumas por abusos sexuales suelen tener consecuencias durante muchos años y, a menudo, se transmiten a las siguientes generaciones.

Para la dinámica profunda de la vida lo que importa son los hechos, no los motivos ni las emociones. Una violación es registrada como una relación sexual, basada en un amor desordenado, en la que el vínculo creado entre el perpetrador y la víctima es el de una pareja.

Cuando la víctima haya podido primero decir su dolor y luego integrar la agresión hasta poder considerar a su agresor como una de sus antiguas parejas, podrá decirle *«Tú fuiste el primero»*. A partir de este momento, la antigua víctima podrá vivir la siguiente relación de pareja con plenitud[17].

---

[17] Gunthard Weber en *Felicidad dual:* «La primera consumación íntima del acto sexual establece una relación especialmente intensa (aquí entre la víctima del abuso y el perpetrador), es decir, a través de esta experiencia sexual se crea un vínculo entre ambos. Más tarde, la víctima no puede tener ninguna pareja nueva sin reconocer a la primera. A raíz de la persecución y el desprecio, no suelen encontrar otra pareja nueva. En cambio, reconociendo este primer vínculo, esta primera experiencia, tiene la posibilidad de integrarlos en una relación nueva, donde

La rendición a su pasado le va a crear una fuerza y una humanidad especial[18].

Todo lo que vivimos tiene dos niveles.

El primer nivel es el nivel aparente de los hechos, el nivel del destino individual en el que toca reconocer lo que hubo o lo que hay, asumiendo la responsabilidad de esos hechos.

El segundo es invisible y, sin embargo, es el que determina la dirección de todo lo que hacemos en la realidad visible. Es el nivel del destino colectivo y de las fuerzas del amor que dirigen el universo, el nivel de la gran conciencia que lo guía todo. Igualmente es el nivel de los excluidos de las generaciones anteriores que conducen inconscientemente la vida de sus descendientes; y el de la resonancia con los campos morfogenéticos u hologramas y los campos de resonancia mórfica.

En ese nivel profundo y oculto, todo hecho, por difícil o terrible que sea, está al servicio del amor y de la vida, en una escala fuera de nuestro alcance intelectual.

---

quedan guardados. Tal y como se hace ahora, diciendo que la experiencia tan solo es nociva y tendrá consecuencias pésimas, se va en contra de la solución y únicamente perjudica a las víctimas».

[18] Bert Hellinger en *Reconocer lo que es,* Herder, p. 164: «La sexualidad tiene que ver con la vehemencia y la violencia de la vida. Es algo que se apodera de nosotros en lo más hondo de nuestro ser, y también nos pone en peligro. Viendo la sexualidad con esta grandeza, con su vehemencia y con su violencia, podemos tratarla con más respeto.

»En un sentido profundo la sexualidad nos viola y nos arrastra. Que también pueda tomar estas formas extremas se debe a la naturaleza de la sexualidad y no a la naturaleza de un perpetrador individual.

»Cuando un niño entra tan tempranamente en contacto con la sexualidad, también entra en contacto tempranamente —aunque sea de una manera amenazante— con la vehemencia de la vida.

»Quien supera esta experiencia alcanza una profundidad y una fuerza que otro niño no tiene.

»He visto en muchas mujeres abusadas que cuando el trauma del incesto está superado, tienen una dignidad y una fuerza especiales.

»[Si uno se queda en la acusación] la herida se perpetúa sin llegar a la sanación».

En todos los casos de abusos y agresiones sexuales es importante llegar a la expresión del amor —ciego— que provocó el crimen. La violación, o el abuso, fue un acto de amor desordenado. Cada uno estaba reemplazando a otro. Será necesario tomar en cuenta a todos los actores de este drama: la responsabilidad del perpetrador, la participación inconsciente de otros miembros de la familia, los desórdenes de cada uno. Digamos que primero necesitamos poner todas las cartas encima de la mesa, después llegarán la sanación, la reconciliación o la reparación.

Los niños viven, sufren o agreden a otros por sus padres. La responsabilidad está únicamente en los padres, el niño/a no puede hacer otra cosa que lo que los padres le exigen inconscientemente. Cuando un niño o niña es víctima de una agresión sexual, suele estar viviendo la relación sexual en lugar de uno de sus progenitores.

No olvidemos que numerosos niños varones también son víctimas de abusos e incestos de hombres y mujeres adultos.

En el caso de personas que, de niñas o niños, fueron alquilados o vendidos a grupos de pederastas, o robados o secuestrados para ejercer como esclavos sexuales, no solemos tener permiso para mirar las intrincaciones individuales de esos adultos heridos de por vida. En su pasado hubo abusos y violaciones constantes, los secretos y crímenes son demasiado numerosos y graves. Solo queda la rendición ante la fuerza del destino. El individuo ha sido atrapado por la resonancia de grandes campos deshumanizantes y su supervivencia se dará gracias a su entrega a la vida concreta y práctica, a los detalles y lo humilde.

El constelador tiene que renunciar a juzgar y, sí, tomarlo todo como fue, honrando a todos los implicados, víctimas y perpetradores, por haber sido los instrumentos del destino al servicio de la evolución. Cada uno es visto y amado por Algo más grande. Nadie escoge el lado en el que se encuentra. Aunque, sí, todos, en todo momento, tuvieron y tienen la oportunidad de ejercer su libre albedrío, de asumir, o no, lo que están viviendo, de vivir, o no, en el adulto presente…

La constelación que más ayuda es la que llamo «constelación sistémica», en la que solamente una persona representa al cliente y todos los demás asistentes se representan a sí mismos, dejándose tomar por el campo, al servicio del destino de este cliente. No tenemos permiso de representar a nadie de su sistema familiar.

En constelación, los abusos en general (abuso de poder, tortura o sexual) se manifiestan con la presencia de náuseas. Los picores en la zona genital hablan de abusos sexuales. Y estos síntomas existen tanto en el perpetrador como en la víctima o en sus descendientes.

Según quién sea la persona que haga el ejercicio, solo puede hablar por sí mismo y elegirá las frases que le correspondan.

Para el agresor:

Recordar que toda víctima se transforma de inmediato en agresor. Para que el agresor pueda sanarse, primero tendrá que asumir su responsabilidad y después volver al abuso que anteriormente él mismo sufrió como víctima.

Para el perpetrador sexual se suelen juntar: un desorden sistémico (ambos, perpetrador y víctima, están desordenados y reemplazando a otra persona), la necesidad sistémica de repetir o compensar antiguos abusos y un trauma sexual en la infancia. Puede ayudar poner dos representantes para el perpetrador: su adulto y su niño. Es frecuente una perversión sexual de la madre del perpetrador, que de pequeño fue maltratado por esta.

La sanación del perpetrador significa que pueda mirar a su víctima, escucharla, asumir las consecuencias de sus actos, y decidir reparar.

Frases clave del perpetrador:

Asumo toda la culpabilidad de lo que pasó.
Si la víctima era un menor: *Yo soy el adulto, el único responsable. Eres totalmente inocente.*
Acepto plenamente las consecuencias de mis actos.
Acepto la sentencia y la pena.

Después, si es el padre de la víctima, tiene que encarar a su hijo o hija y realmente verla, ver las consecuencias de sus actos:

Yo llevo toda la responsabilidad, devuélveme
  mi responsabilidad, devuélveme la culpa
  y la vergüenza que llevas, son mías.
Tú eres pequeño, nosotros tus padres somos grandes,
  la responsabilidad y la culpa son nuestras.
Llevo conmigo y para siempre las consecuencias de mis actos.
He cometido una injusticia contigo. A partir de ahora la reparo.

Para la víctima:

Puede realizar un ejercicio en el que imagina al perpetrador enfrente de ella, u otra persona hace de ese perpetrador.

Primero, ha de poder decir las emociones que pasó, sin revivirlas, expresándolas de un modo neutro, sin dramatismo: «*Fue horrible, no te lo perdonaré nunca. Me hiciste mucho daño. Pasé un miedo horroroso. Fue terrible, espantoso, brutal, violento, cruel. Yo indefensa. Tan sola.* (Elige las palabras que más te liberen y repítelas hasta que la angustia desaparezca y sea sustituida por la ira).

Después podrá darse cuenta de que su supervivencia vino de sus deseos de venganza, por la fuerza que le proporcionó.

Dirá, siempre de un modo neutro: «*Ahora quiero matarte, quiero hacerte más daño del que tú me has hecho*». Repetirlo hasta que la rabia disminuya.

Y ahora di al agresor: «*Soy como tú*».

Entonces podrás iniciar la rendición al destino y mirar de nuevo la vida con confianza:

Así fue. Así pasó.
Me rindo al destino.
Te dejo ir, te libero de mi ira asesina.
Me amo.

Incesto

Animo a leer las notas previas a los ejercicios.

Y se debe recordar:

Será necesario tomar en cuenta a todos los actores de este drama: la responsabilidad del perpetrador, la participación inconsciente de otros miembros de la familia y los desórdenes de cada uno.

Mientras no se vean los sucesos en su contexto global, no habrá solución posible: siempre están involucrados los dos padres.

Puede ser que la madre, inconscientemente, ofrezca a la hija a su marido para compensar el dar-tomar, si ella no quiere tener más relaciones sexuales con su pareja, o porque ella está exigiendo del marido más de lo que puede compensar (como cuando ella trae a la pareja un hijo de una pareja anterior).

Los padres han de enfrentarse a su responsabilidad para que desaparezca la culpa de la hija o el hijo y que la víctima pueda volver a sentir su inocencia. La persona afectada tiene que ver la responsabilidad de cada uno, el agresor tiene toda la responsabilidad de sus actos, y la madre la responsabilidad de su entrega inconsciente de la hija en su lugar. De esta manera cada uno puede recobrar su dignidad y la fuerza de su vida.

La víctima dirá en una visualización o a un representante que hará del perpetrador:

- Si hubo violencia:

    Has cometido una gran injusticia conmigo,
    y no te lo perdonaré nunca.
    Sois vosotros, no yo. Vosotros tenéis que llevar
    las consecuencias, no yo.
    Fue terrible para mí, y dejo las consecuencias
    contigo.
    A pesar de todo, sacaré partido de mi vida.

- Si no hubo violencia, puede haber una gran culpabilidad por haber sentido placer, y lo liberador es expresarlo:

    Mamá, por ti lo hice a gusto.
    Papá, lo hice por mamá. Lo hago por mamá,
    y estoy de acuerdo en hacerlo por ella.

- Reconocer al agresor como ser humano, como quien es:

    Me diste la vida, te tomo como mi padre, te honro, gracias por la vida. Ahora me alejo de ti para vivir mi vida.

- Para estar disponible para la pareja actual, o para una futura pareja:

    Al padre: *Tú has sido el primer hombre en mi vida, y siempre serás el primero. Ahora estoy libre de ti.*
    A la nueva pareja: *Él fue el primero, tú eres el segundo y tomo mi lugar de pareja contigo.*

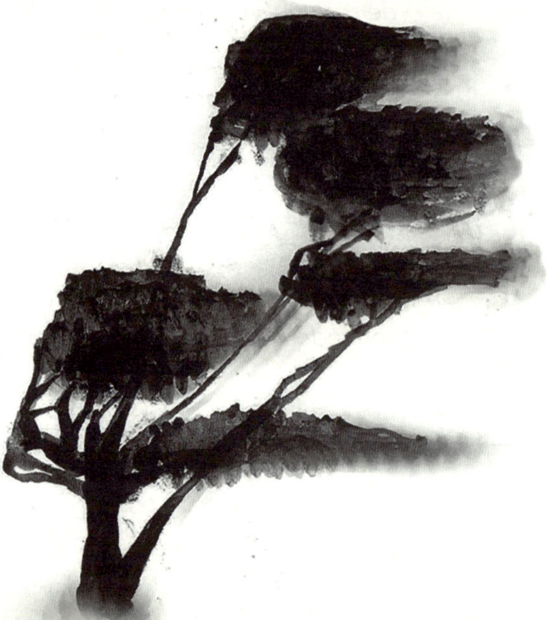

8

Salud, signos y síntomas de enfermedad

En un libro anterior describí «el proceso de retorno a la salud» y las exigencias de la vida para «crear las condiciones de una nueva realidad de salud»[19].

Los puntos esenciales de ese retorno a la salud son los siguientes:

- Agradecer la vida como es, asintiendo a los conflictos y resolviéndolos.
- Honrar a los seres humanos como son, aceptando nuestra imperfección y el sufrimiento que nos causamos.
- Tomar a la madre y al padre.
- Tomar a los excluidos.
- Honrar y agradecer a la enfermedad.
- Reconocer y asumir los pensamientos negativos creadores de enfermedad.
- Asentir a la vida con salud.

La salud nos llega fundamentalmente al aceptar la vida como es, con sus conflictos, y, por lo tanto, al atrevernos a enfrentar y

---

[19] Brigitte Champetier de Ribes: *Constelar la enfermedad desde las comprensiones de Hellinger y Hamer*, Gaia Ediciones, 2011, p. 61.

resolver estos conflictos. Toda resolución emocional aporta belleza y crecimiento, además de salud.

Para poder afrontar las dificultades de la vida y los conflictos que conlleva, necesitamos respetar a cada ser humano y ver un espejo de nuestra vida en la dificultad que se nos presenta.

La salud física nos es regalada por la vida al tomar incondicionalmente a nuestra madre, y la salud mental nos viene de tomar incondicionalmente a nuestro padre.

En toda enfermedad seguimos a un excluido, ya sea a un perpetrador excluido en las enfermedades de fase activa, o a un excluido víctima en las enfermedades de resolución.

La enfermedad tiene la misión de llevarnos de nuevo al presente, sacándonos de la exclusión, del rechazo de la vida, del amor, de los demás, de la madre o del padre.

Cuando asumamos la responsabilidad que tenemos en el mantenimiento de un estado de no-salud con nuestros pensamientos negativos, nuestra fuerza de autosanación volverá.

Y cuando nos atrevamos a asentir a la vida con salud, abandonando el victimismo y los beneficios secundarios que nos da el vivir enfermo, la fuerza vital nos invadirá de nuevo.

La Nueva Medicina Germánica nos describe los síntomas neurovegetativos que acompañan a las enfermedades, de modo que, si detectamos la presencia persistente de uno de ellos, lo podemos constelar para resolver la enfermedad que estamos padeciendo sin saberlo. Los síntomas más significativos para constelar son, por un lado, los que acompañan al estrés: gran agudeza de la percepción visual y auditiva, pérdida del apetito, pies y manos fríos. Por otro lado, edema o hinchazón del cuerpo, cansancio, apetito excesivo.

Enfermedad y madre

La enfermedad física nos quiere hacer volver a la realidad que hemos rechazado, en particular a la madre.
Ejercicio muy poderoso para todo tipo de enfermedad.
La persona prefiere su enfermedad antes que inclinarse ante su madre y agradecerle ser la madre. Cuando la enfermedad es grave, la persona prefiere morir antes que tomar a su madre.

> Las personas son tres: la persona, su enfermedad y su madre.
> Cada una irá dando su información, y el movimiento principal será el de la persona (o su representante) frente a su madre.
> Si la persona o su representante no se inclina ante su madre, habrá que introducir a un excluido al que la persona es fiel, fidelidad que le impide ver a su madre como madre.
> Después de liberar al excluido (con frases como «Te amo», «Veo tu dolor», «Eres uno de los nuestros», «Descansa en paz»), la persona podrá inclinarse ante su madre.
> Entonces la persona mirará a la enfermedad y le dará las gracias por lo que necesitaba de ella.

Hablar con un síntoma[20]

Todo síntoma, físico o psíquico, tiene un mensaje. Este ejercicio y el ejercicio «La finalidad de mi malestar» serán muy útiles para arrojar luz sobre el proceso que estamos viviendo actualmente.

---

[20] Adaptación de la herramienta descrita por la Dra. Claude Imbert en *Faites vous-même votre psychothérapie*, Editions Visualisation Holistique, 2000, p. 7.

Lo primero es localizar el síntoma, saludarlo, sentirlo, describirlo: su forma, tamaño, color, peso, consistencia, de qué está hecho, etc.

El terapeuta, o la misma persona, siguen estas indicaciones:

Con tu mano de luz, coges tu síntoma y lo sacas de tu cuerpo y lo pones delante de ti. Lo observas, lo describes (forma, color, peso, material...); dices lo que te sugiere.

El síntoma puede cambiar de forma; lo sigues observando.

Ahora vas a dialogar con tu síntoma (o lo que queda de él):

Le das las gracias por avisarte de algo.

Le preguntas: «¿*Cómo te llamas?*», «¿*Cuándo viniste por primera vez a mi vida?*», «¿*Para qué?*», «¿*Qué ocurrió?*».

Observas su color, su forma; igual va cambiando. Sin juzgar, lo observas, seguramente se irá asociando a recuerdos o a símbolos...

Le explicas que estás en el camino de la liberación, que quieres responder a su llamada, entenderla.

Quieres saber lo que necesita para poder desaparecer.

Le preguntas qué recursos tuyos necesita, qué debes dejar atrás.

Le preguntas qué regalo quiere de ti y se lo das desde el corazón.

Lo escuchas.

Le das las gracias, le das lo que necesita.

Lo llevas con respeto y cariño hacia tu pasado, por la izquierda, en un entorno agradable, prometiéndole que le volverás a ver de vez en cuando, cada vez que se manifieste, cada vez que necesite algo más, y que le irás comentando tu transformación.

Va a necesitar que le hables muy a menudo de tu nueva seguridad.

> Sabes ahora que es un gran protector. Le pides que te siga avisando cuando estés en peligro. Le preguntas qué forma tomará para avisarte.
> Te despides con gratitud.
> Ahora ves un manantial, bebes, te remojas, te limpias, te lavas.
> Te llenas de las energías del agua, del sol, de la tierra.
> Te proyectas en tu futuro próximo viéndote en tu transformación.

Frente a un síntoma mío

El síntoma puede ser dolor, inflamación, insomnio, confusión, estado obsesivo, inquietud, desgana, envidia, incluso un problema de un hijo. Detrás de todo síntoma hay un excluido o algo retenido.

El campo se sirve de lo que tiene a mano para avisarnos, para señalarnos a alguien, a algo que necesita ser reincluido...

> Este ejercicio lo puedes hacer en visualización.
> Aquí lo describo para que una persona lo represente físicamente.
> Nos centramos y hacemos una espiración larga y profunda.
> Nos sintonizamos con nuestro sistema familiar, con todos nuestros antepasados.
> Les damos las gracias.
> La persona se imagina frente a su síntoma.
> Luego representa al síntoma. Cuando este mire hacia alguna parte, se imagina a un ancestro en ese lugar. Allí donde miren el ancestro o el síntoma, colocamos un ances-

> tro más. La persona va representando a cada ancestro que surja para saber lo que necesita: ser visto, ser amado, ser liberado, ser honrado, ser incluido, ser ayudado a terminar de morir.
> Solamente cuando la persona se represente a sí misma puede decir frases sanadoras.
> En algún momento dará las gracias al síntoma por todo lo que le quería mostrar.
> Luego se alejará del ancestro, para irse despacio hacia la vida.

Las pandemias y otras tragedias colectivas

Cuando un crimen colectivo, secreto u oficialmente legitimado no es asumido, cuando nadie mira con compasión ni a las víctimas ni a los perpetradores, lo olvidado y no asumido se manifestará a través de tragedias colectivas repetitivas. Un grupo de descendientes pagará con sus sufrimientos la culpa colectiva no asumida, otros vengarán a las víctimas transformándose en nuevos perpetradores, otros seguirán en la muerte a esas mismas víctimas.

Hasta que un número suficiente de descendientes reconcilien en su corazón a víctimas y perpetradores.

Reconciliación con los perpetradores actuales.

Reconciliación con los secretos y crímenes que se ocultan detrás de toda la historia de la humanidad.

Reconciliación con las tragedias repetitivas que asolan la tierra.

Entrega al origen. Al Origen.

Abiertos a la vida como es.

Apoyados en nuestro holograma, partícipes del holograma del destino colectivo.

Con este ejercicio recibiremos información que nos permitirá introducir un cambio en nuestra relación con el destino colectivo.

Vamos a representar cuatro roles:

- La pandemia actual del coronavirus.
- Pandemias anteriores.
- El origen de la pandemia.
- Uno mismo.

Se pueden utilizar hojas de papel que se van moviendo conforme se desplacen los roles representados.

La persona se coloca unos segundos en cada papel, en el orden citado. Se queda en cada representación hasta que no haya más movimiento.

Realiza una o dos vueltas para sentir el dolor, el miedo, la rabia o la culpa que anima a cada uno.

Luego, se aleja un poco para poder inclinarse hasta el suelo ante todos, con el mismo respeto y la misma compasión hacia cada uno.

Desde la postración, es posible que perciba la transformación y el movimiento de los representados.

Si no, al final se coloca de nuevo en cada uno para percibir cómo se han transformado.

Para terminar, se pone de pie frente a la vida como sí mismo, hasta dejarse llevar por la fuerza y el amor hacia delante.

La humanidad y la pandemia

Cada uno recibirá la información que necesita sobre el vínculo entre la humanidad y la pandemia. Si tienes dudas y necesitas información sobre ellas, introduces estas dudas.

Cada ejercicio descrito es fenomenológico, es decir, que la respuesta del campo será única, será para los que realicen el ejercicio y para el momento en el que lo realicen.

> Este ejercicio es para dos personas.
> Una de las dos personas representa a la humanidad, la otra representa la pandemia actual.
> No hay consigna.
> Cada uno se deja tomar por la energía, desde el estado Adulto, sin intención, sin emoción.
> Muy sobriamente, se van comentando lo que están experimentando y que la otra persona no pueda percibir.
> En algunos momentos podrán comunicarse una sensación o una necesidad.
> La persona que representa a la humanidad podrá pronunciar alguna frase sanadora cuando el campo la necesite.

El covid-19

Como enfermedad, el covid-19 muestra el camino de vuelta al presente y a la vida a los que se habían apartado de él. Lo que te quiera mostrar va a ser importante para ti y para tu vida. Y necesariamente será un mensaje muy personal.

Estás frente a la vida.

Imaginas el covid-19 en algún lugar de la sala.

Lo miras con respeto, es decir, con consideración, sin miedo ni rabia.

Ahora te colocas en él. Sientes lo que siente, miras lo que mira y sigues su movimiento.

Vuelves a tu lugar.

Agradeces al coronavirus por lo que estaba mirando en tu lugar y te acaba de mostrar.

Ahora miras tú, con amor, a todos los muertos que el coronavirus estaba mirando.

Muchos abortos, de varias generaciones. Muertos de todas las edades, víctimas, sacrificados invisibles, olvidados no llorados.

Les dices, a cada uno o a todos:

> *Veo vuestro dolor.*
> *Veo vuestro sacrificio al servicio de la vida de los vivos.*
> *Ahora me doy cuenta. Asumo mi parte de responsabilidad.*
> *Os amo, con toda mi gratitud.*
> *Formáis parte.*

Ahora miras a la lejanía, ves una luz.

Te entregas a esta luz, te dejas guiar por ella.

En un momento dado, has vuelto a mirar la vida y dices:

> *Ahora elijo la vida.*
> *Decido reparar. Me pongo al servicio de la vida para todos.*

Miras al coronavirus, o te colocas en su lugar, para saber si necesita algo más.

Después, te inclinas ante él con gratitud y profundo respeto, diciéndole:

> *Eres un movimiento de Algo más grande que no alcanzo a entender.*
> *Tu misión nos acerca al misterio.*
> *Elijo la vida.*

La vacuna

Para recibir información personal sobre la vacuna, sobre qué decisión tomar, sobre qué pensar o qué hacer.

Después de una meditación, te imaginas frente a la vacuna del covid-19. Puede que sea la que te vas a poner o la vacuna en general, lo que tú quieras.

Estás de pie; a dos metros está la vacuna.

Observas cómo te sientes, si más grande que ella o no, si la miras o no, etc.

Luego te pones en ella y observas sus sensaciones. Te va a venir información de lo que necesita de ti o de sus sentimientos hacia ti.

Vuelves a tu lugar y puedes entablar un diálogo con la vacuna, poniéndote alternativamente en ti y en ella. Vas a recibir la información que necesitas.

Sigues dialogando hasta que le puedas dar las gracias.

Mis pensamientos negativos

Este ejercicio te va a permitir darte cuenta de la importancia de tus pensamientos negativos. Vas a medir cuánta responsabilidad tienes en el mantenimiento de las situaciones difíciles en tu vida.

> Primero vamos a realizar una prueba. Tres espacios: Tú 1, Tú 2 y la Enfermedad.
> Así vas a poder constatar los efectos de tus pensamientos sobre ti mismo y sobre tu salud.
> Desde Tú 1, di en voz alta una frase negativa que te sueles decir, e inmediatamente después ponte en Tú 2 y en la Enfermedad, para ver cómo tú y la enfermedad habéis reaccionado a ese pensamiento.
> La frase negativa puede ser parecida a las siguientes, lo importante es que sea una que te sueles decir:
>
> *Esto es demasiado bueno para mí.*
> *Tengo que...*
> *A mí me toca lo peor.*
> *No seré capaz de superar esto.*
> *No lo voy a conseguir.*
> *Seguro que acaba mal.*
> *Yo no tengo suerte.*
> *Estoy tan mal.*
> *Odio esta enfermedad, odio estar mal.*
> *Qué incómodo es esto.*
> *Estoy harto de la situación.*
> *No puedo confiar en nadie.*

Ahora vas a verificar el efecto de tus pensamientos positivos.

Escríbelos antes de pronunciarlos para luego seleccionar los que mejor efecto hayan tenido sobre Tú 2 y la Enfermedad.

Te propongo unas ideas:

> *Es como es.*
> *Asiento a la enfermedad.*
> *Confío y me entrego.*
> *Me amo como soy.*
> *Asiento a la vida como es, aunque no entienda.*
> *Gracias por mi vida como es, aunque no entienda.*

Cada día puedes elegir una de estas frases para repetirla, impidiéndote así los pensamientos negativos.

Cuando te venga un pensamiento negativo que te hace daño, primero dale las gracias porque en un principio te sirvió para salir de un momento difícil. Luego imagina a un ancestro excluido al que dijiste «*Yo como tú*» y ahora le dices «*Tú por ti, yo por mí. Te amo*».

Añades: «*Asumo mi responsabilidad, asumo que yo he decidido pensar esto*».

A continuación pronuncias con determinación un pensamiento sanador.

Para dormir mejor

El bien dormir está asociado al amor que hemos practicado durante el día y, especialmente, en los últimos minutos antes de entregarnos al sueño.

El insomnio es provocado por el estrés y por la culpa, emociones incompatibles con el «amor en acción». El no encontrar el sueño en la primera parte de la noche muestra la presencia de una culpa no asumida, y el despertarse de madrugada sin poder volver a dormir durante un buen tiempo es debido a un sentimiento de ser culpable y de tener algo que expiar.

En los niños, la culpa nunca es de ellos. Por amor a alguien mayor, a menudo a su madre, llevan esa culpa y ese no dormir en el lugar de la otra persona. En cuanto esa persona reconoce su responsabilidad, el niño vuelve a dormir bien.

Los adultos pueden estar llevando la culpa de alguien de otra generación, pero tienen que empezar reconociendo su propia culpa o su propio deseo de expiación (no merezco...).

Para crear el clima adecuado para dormir las horas que necesitamos, vamos a sumergirnos en el amor, la gratitud y la reconciliación, emociones que van a estimular las hormonas adecuadas, permitiéndonos dormir entregados al amor.

1. Durante unos minutos, nos vamos a conectar con nuestro corazón. Imagina que estás respirando desde tu corazón, como si tuvieras los pulmones en el corazón.

   Aquí te pongo el inicio del ejercicio «El guía es el corazón»:

   Ahora dirige tu atención suavemente hacia tu corazón físico, hasta que puedas percibirlo o simplemente imagines percibirlo. Sentirás que está respirando o imaginarás que percibes el aire que entra y sale de tu corazón. Vas a mantener tu atención puesta en el corazón, con mucha ligereza.

Para sentir tu corazón te puede ayudar imaginar algo o a alguien al que quieras mucho. Siente cómo se expande el amor en tu corazón.

Poco a poco, sentirás un cambio por todo tu cuerpo.

2. Después, pasamos a la gratitud. Recuerda motivos por los que hoy puedes estar agradecido: ese mismo momento de meditación, tu salud, una alegría, algo que hayas hecho, etc. Disfruta el percibir esta gratitud por todo tu ser.
3. Para terminar, entramos en la fase del perdón y de la reconciliación con la culpa o con quien nos haya hecho daño. Para eso, siente lo que hoy te haya dejado un peso de injusticia, rencor, miedo, confusión o enfado, aunque sea sutil.

Mira a la persona, comunícale tu dolor, sufrimiento, miedo o desesperación (sin emoción, es decir, sin dramatismo, sí, con firmeza neutra). Repítelo hasta que sientas una transformación.

Ahora, te das cuenta de que estás enfadado, te quieres vengar, quieres hacerle daño, aunque sea sutil. Es muy bueno hacer sitio a estas emociones, reconocer su presencia, solamente así se podrán liberar. También con firmeza y neutralidad, dices a la otra persona: «*Quiero hacerte daño, me quiero vengar*».

Ya estás preparado para decidir ver el sufrimiento de la otra persona. Quien sufre hace sufrir. Poco a poco la compasión va a renacer en ti y podrás decir: «*Veo tu dolor, asumo mi parte de responsabilidad, te amo tal como eres*».

Ahora te sientes lleno de compasión.

¡Buenas noches!

Regenerar nuestras células madre

Las células madre existentes en la mayoría de los tejidos de un organismo adulto poseen la capacidad de renovarse periódicamente. Su autorregeneración sirve para cuando existe un daño o una lesión tisular, por accidente, enfermedad o envejecimiento.

La producción de nuestras células madre y su fuerza de regeneración dependen enteramente de nuestra relación sistémica con la vida.

El ejercicio que propongo aquí tendrá consecuencias a corto y medio plazo. Se puede repetir cuando el guía así lo indique.

> Empiezas situándote frente a «la Producción de tus Células Madre» (PCM).
>
> Primero representarás a cada uno, a ti mismo y a la PCM, unos segundos.
>
> Por su estrecho vínculo con tu ADN y con el holograma de tu sistema familiar, la PCM va a revelarte aspectos de tu fidelidad arcaica que hasta ahora habían pasado desapercibidos y que le impiden cumplir con su misión.
>
> Por ese motivo tu primer movimiento es de honra y gratitud: miras con profundo respeto a la PCM, gracias a la que estás vivo. Te inclinas, lleno de gratitud, porque, a la vez, te da la vida y te conecta con todo tu pasado.
>
> Ahora representas a tu PCM e irás viendo todo lo que muestre, honrando, incluyendo, soltando, según los movimientos de tu cuerpo. Tus frases aquí son muy importantes porque con ellas vas a reprogramar tu PCM.
>
> Di lo que se corresponda con cada sensación o dolor que surja en cualquier parte de tu cuerpo. Tu guía te ayudará a encontrar las frases sanadoras.
>
> Para terminar, tu frase puede ser:

> *Ahora elijo la vida.*
> *Ahora elijo el presente.*
> *Ahora me atrevo a poder.*
> *Me entrego a la vida como es.*
> *Me entrego a mi misión.*

Los telómeros

Los telómeros son trozos de ADN situados en los extremos de los cromosomas, su estado es esencial en el mantenimiento de la salud.

> Este ejercicio es individual.
> Estás frente a la vida, y dices: «*Soy mis telómeros*».
> Sin intención, te dejas representar tus telómeros, muy centrado y atento a tus movimientos y tus sensaciones corporales.
> La primera vez lo haces durante dos minutos.
> Después eliges con la ayuda de tu guía una de estas opciones:
>
> - Repetir esta representación todos los días durante una semana, durante unos dos o tres minutos.
> - Repetir esta representación cada diez días durante cinco minutos.
>
> Durante el día, tómate un minuto varias veces al día para repetirte, en voz alta a ser posible: «*Mis telómeros vuelven a su estado óptimo*».

9
Dinero y abundancia

Todos conocimos la abundancia por lo menos una vez en la vida: durante los meses que estuvimos en la matriz de la madre. Allí disfrutamos de la abundancia de la naturaleza: tener todo lo que se necesita. No más.

Entonces estábamos en una fusión total con la madre y todo nuestro sistema familiar. La simbiosis era total y no podíamos distinguirnos de los demás. Éramos abundancia, felicidad y dolor; estábamos identificados con todo lo que pasaba en nuestra familia, sin identidad precisa ni responsabilidad.

Ahora, siendo adultos, buscamos esta abundancia y fusión con el todo, asumiendo nuestra identidad y responsabilidad individual, al servicio de un destino colectivo que da sentido a los vaivenes que la vida nos impone.

La abundancia es la respuesta de gratitud del universo a una persona agradecida.

El agradecimiento, primero a la madre y luego a todo como es, es el motor de nuestra abundancia.

Lo que das, recibes.

Yo y el dinero

El dinero es sagrado, sin él no podemos sobrevivir.
Necesita tu respeto, tu gratitud y tu amor.
No pertenece a nadie, va de una mano a otra, permitiendo que el dar y el recibir se reequilibren continuamente gracias a él.
Es inútil que te agarres a él o que lo persigas.
Es símbolo de la vida, y, a veces, algunos que sienten que la vida y su abundancia se les escapan, porque no han tomado a su madre, compensan con la usura, la especulación o la corrupción.
El dinero se siente feliz con las personas que aman la vida, lo respetan y le tienen gratitud.

El dinero está delante de ti. Será útil que sepas cómo reacciona el dinero frente a ti, pues su actitud será consecuencia de la tuya.

Alternas de lugar, vas de ti al dinero, luego vuelves a ti y sigues hasta alcanzar un momento de armonía, o en el que no haya más cambios. Cuando estás en ti, puedes decir algo o decidir cambiar de posición.

Esta representación te hará comprender cuál es tu actitud frente al dinero y, en consecuencia, cuál es su reacción contigo...

Madre y abundancia

De nuestra actitud con nuestra madre nace la abundancia de la vida hacia nosotros. Así como tratamos a nuestra madre, nos trata el universo.

Tendrás la oportunidad de reforzar tu vínculo con tu madre. Sin embargo, solo será útil si lo haces sin forzar nada. Es mucho más eficaz que te des cuenta de que todavía estás rechazando algo de tu madre, que forzar el acercamiento.

> Tres lugares para empezar: tú, tu madre (o tus madres biológica y adoptiva) y la abundancia.
> Se realizará con más facilidad si sois tres. En ese caso, te representas a ti mismo/a.
> No hay consigna, cada uno se dejará tomar por el movimiento muy lento del campo.
> Si estás tú solo o sola, ocuparás cada papel durante unos segundos, el tiempo suficiente para acompañar un movimiento completo.

La gratitud

La abundancia es la respuesta del universo a una persona agradecida. La gratitud ante todas las manifestaciones de la vida es la clave de nuestra abundancia.

> La gratitud está frente a ti. Representas alternativamente a la gratitud y a ti. Hazlo tantas veces como sea necesario para crear un cambio importante en ti.
> Si no consigues abrazar a la gratitud, tendrás que preguntarte qué es lo que frena este movimiento del corazón en tu vida y decidir agradecer lo que fue tan difícil, aunque no lo entiendas.

Servicio y abundancia

Como hemos visto en el ejercicio anterior, la abundancia es hija de la gratitud. Y nuestra gratitud se manifiesta ante todo en nuestro servicio a los demás. Gracias al servicio agradecemos todas las ayudas, todos los servicios que hemos recibido desde que hemos nacido. Cuando vivimos el servicio a los demás, es decir, nuestro trabajo, desde la gratitud, nos abrimos a la abundancia.

La gratitud de tener la oportunidad de trabajar, de devolver lo recibido ofreciendo un servicio.

> Son tres lugares: el tuyo, el del servicio y el de la abundancia.
>
> Vas a ocuparlos alternativamente y observarás los movimientos de cada uno.
>
> Si aparece una dificultad para acercarte al servicio, necesitarás visitar el capítulo del trabajo.
>
> Si la dificultad es con la abundancia, recuerda que madre, gratitud y abundancia van unidas...
>
> En cuanto decidas cambiar tu relación con tu madre, transformarás tu abundancia.

Yo, el servicio y los demás

> Imagina tres lugares: uno para ti, otro para el servicio y otro para el representante de los demás.
>
> Irás alternativamente de uno a otros, observando las reacciones sutiles de cada uno.

Conforme sigues yendo de uno a otro, la relación evolucionará y muchas dificultades desaparecerán.

Toma nota de la dificultad que permanece y trabájala con los ejercicios «El movimiento puro» o «La finalidad de mi malestar».

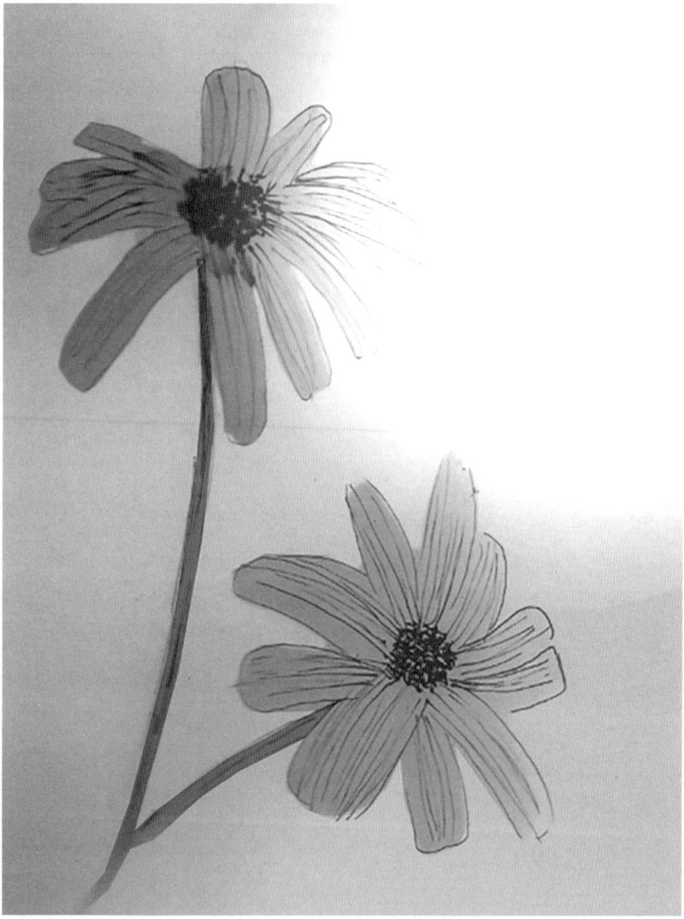

10
Relaciones

Nuestras relaciones con los demás son uno de los aspectos fundamentales de nuestra calidad de vida.

Lo que no hayamos resuelto en nuestra familia de origen se va a proyectar en nuestra manera de relacionarnos. Cada vez que resolvamos algo de la relación con nuestros padres o ancestros, algo se volverá más fluido en nuestro contacto con los demás.

El amor es tomar a cada uno como es, sin deseo de que cambie. Sin embargo, cuando un ser querido sufre, fracasa o se pone enfermo, nos gustaría mucho poder ayudarle, sin hacer de salvador —lo que se volvería en contra de ambos—, respetando su destino.

Descubriremos que precisamente lo que más ayuda es respetar el destino de alguien y agradecerle por vivir lo que le toca.

Cuando uno no cambia es por su fidelidad al pasado. No puede cambiar. Está atrapado por una promesa de amor arcaico e inconsciente. Cada uno es como es y está en la etapa y en el movimiento que le corresponden. Simultáneamente, cada uno sigue siendo libre de decidir cómo actuar, pero lo más fácil es imitarse a uno mismo, sin atreverse a salir de la fidelidad.

Cuando honramos el destino de alguien, algo se alivia, la persona vuelve a conectar con su fuerza y puede ver, decidir o hacer algo nuevo.

Integración de polaridades / Integración de partes en conflicto

Ejercicio de amor y humildad que transforma la vida.

La reconciliación de polaridades es lo que crea la mayor energía de cambio en nuestras vidas.

Da nacimiento a los saltos cuánticos cuya resonancia abarca a todos.

Se podría realizar muy a menudo con mucho beneficio para todos.

1. **Elegir las polaridades no integradas.**

    Elegir la polaridad que más te frena hoy: opiniones, religión, ideología, masculino/femenino, lógica/emoción, racional/intuitivo, creencias infantiles/creencias adultas, pasado/futuro, dependencia/autonomía, confianza/desconfianza, izquierda/derecha, sumisión/autoridad, agresividad/ternura, etc.

2. **Reconocer el papel de cada polaridad.**

    Se coloca una polaridad en la palma de cada mano.

    Mirando la palma izquierda, averiguas con precisión cómo es esta polaridad: su forma, tamaño, color, material, temperatura.

    Luego miras la palma derecha para ver cómo es la otra polaridad: observa su forma, tamaño, color, material, temperatura.

    De nuevo miras la mano izquierda, imaginando que te pones en esta polaridad, te transformas en ella para responder a esas preguntas:

- ¿Qué veo, oigo y siento siendo esta parte, con qué lo asocio?
- ¿Para qué sirvo, cuál es mi función para el bien de la persona? ¿Para qué esta función?
- ¿Cuáles son mis cualidades intrínsecas?
- ¿Hay alguna oposición, diferencia, entre la otra polaridad y yo?
- ¿Cuál es la situación desde mi punto de vista?

Ahora haces lo mismo con la otra polaridad, miras la mano derecha e imaginas que eres esta otra polaridad para responder a las mismas preguntas.

3. **Diálogo entre las dos polaridades.**
 Imaginas el diálogo entre las dos polaridades:

 - Te reprocho…
 - Si no existieras…
 - Si fueras distinto, un poco más tal, un poco menos cual…, me gustaría más porque…

4. **Identificar la misión común de las dos partes.**
 Sin mirar ninguna de las dos polaridades, identificas esta misión común al servicio de tu destino y la comunicas a cada parte, se la explicas hasta que ambas reconozcan y acepten la intención positiva de la otra.

5. **Aceptar la otra polaridad.**
 De nuevo las dos polaridades se hablan:

 - En ti valoro…, me doy cuenta de que te necesito por…

- Obtener un acuerdo congruente de las dos partes para combinar sus recursos y alcanzar los objetivos de cada una de ellas y la misión común. Por lo general, las partes habrán dudado o se habrán indispuesto la una contra la otra por no tener esos recursos. Por esta razón parecen extrañas y sin control.

6. **Integración.**
Vas a acercar lentamente las dos manos, hasta que las dos polaridades se fusionen, y vas observando en qué se han transformado: qué forma, tamaño, color, material y temperatura tiene lo que se acaba de crear.

Ahora vas acercando tus dos manos al pecho, hasta integrar esta nueva realidad en tu timo, consciente de la transformación de cada una de tus células y dejándote invadir por la nueva energía que te embarga.

PARA AYUDAR A ALGUIEN, SIN INTERFERIR

Con este ejercicio tenemos la posibilidad de respetar a una persona y a la vez conectarla con su máxima fuerza.

Tres lugares: tú, la persona a la que quieres ayudar y su destino.

Te colocas a un poco de distancia de la persona. Frente a ella está su destino.

Primero instalas una separación entre la persona y tú, como un gran cristal irrompible. Y le dices: «*Yo hasta aquí y tú hasta ahí*».

> Miras a su destino con mucho respeto, inclinando la cabeza.
> Llevas la mirada a lo lejos, a Algo más grande, con recogimiento.
> Permaneces así, sintonizado con Algo más grande, con la fuente de todo, el amor en acción.
> Dices «*gracias*» y sigues recogido y conectado a lo lejos.
> Ahora llevas la mirada al destino de la persona. Te das cuenta de que la persona ha cambiado en algo frente a su destino.
> Miras su destino hasta poder decir: «*Sí, asiento a todo*». Sigues recogido e inclinando la cabeza ante el destino de la persona.
> Te retiras.
> Quizás te haya llegado alguna información sobre lo que necesita esta persona de ti o sobre lo que tiene que ser tu próximo paso.

Las personas que no cambian

Este ejercicio es de una eficacia muy profunda, tanto para nosotros como para la persona. Lo podemos realizar con cualquier persona que nos gustaría que fuese distinta: nuestra pareja, nuestra madre, el vecino, el jefe, los que políticamente son nuestro opuesto, una parte de nosotros que no nos gusta, etc.

> Para dos personas. Si estás solo, te pondrás alternativamente en cada papel.
> Alguien representa al que no puede cambiar. Y tú te pones enfrente.

Aceptas al que no puede cambiar tal como es, renuncias a tus deseos de cambiarle.

Tomas conciencia de que es como tiene que ser. No puede ser de otra manera. Y es querido y pensado así por Algo más grande.

Estás frente a él o ella, hasta que lo puedas honrar profundamente y le puedas decir «*Gracias por ser como eres*». Te postras en señal de profundo respeto, dándole las gracias por ser exactamente como es. Hasta que notes un cambio profundo en esta persona.

Sanar a distancia

Para todos los seres humanos la conexión con los padres es la conexión base, es lo que, de inmediato, nos coloca en nuestro lugar al servicio de la vida. Es LA conexión con Algo más grande por excelencia. Y esa conexión es sanadora.

Y da igual si nos conectamos nosotros mismos o si nos conecta otro. La resonancia creada es la misma.

Paulatinamente, veremos que esta conexión con los padres de los demás es una actitud ante la vida, es la conexión con Algo más grande, materializada en nuestra vida cotidiana. Se irá trasformando en una apertura compasiva hacia la vida misma, una pura actitud de amor a todo como es, en la que sentimos nuestra parte de responsabilidad.

Imagina delante de ti a la persona a quien quieres aportar una sanación.

> Imagina o piensa en sus padres detrás de esta persona. Piensa en ellos hasta sentir una emoción placentera. A partir de este momento la persona estará experimentando un cambio hacia mejor, sin saber por qué. Para que ese cambio produzca un efecto significativo en la vida de la persona, mantendrás tu atención en sus padres durante unos tres minutos.
>
> Puedes conectar con los padres de cualquier persona. Tenemos permiso de hacer este ejercicio con cualquiera.
>
> Por ejemplo, cuando vas al dentista, al mecánico o al juzgado, si conectas con los padres de estos profesionales, de inmediato estarán en su mejor saber hacer.
>
> Cuando sentimos que una persona no nos respeta, ya esté aquí o lejos, la conozcamos personalmente o no, conectarnos con sus padres con respeto le hará cambiar de actitud.
>
> Lo podemos hacer con una persona o con todo un grupo, e incluso con toda la humanidad. *Cuantas más personas, más tardaremos en sentir la conexión. Y la sanación empezará a operar a partir del momento en que percibamos la conexión compasiva con los padres.*

El mejor regalo

El mejor regalo será el de transformar nuestros sentimientos hostiles hacia una persona en sentimientos y pensamientos benévolos.

> Recuerda a alguien que te produzca malestar, alguien que conozcas personalmente o no. Por la resonancia, esa persona vive ese mismo malestar que tú.

Imagina a ese alguien delante de ti y mírale a los ojos.

Solo miras sus ojos, ojos profundos de ser humano, y te sumerges en su inmensidad, en su dolor, en su responsabilidad y en su grandeza.

Te abres a sus anhelos, sus fidelidades y su servicio a la vida. Aunque no entiendas ese servicio. Todos los seres pertenecen al Vacío creador, a la Gran Conciencia, y todos están al servicio.

Sientes su amor.

Le dices:

En ti me encuentro a mí mismo.
Ahora veo el daño que te he hecho con mi
 pensamiento, mi rechazo, mi juicio.
Veo el daño que mis ancestros hicieron a tus ancestros.
Esto ya terminó.
Honro tu destino.
Gracias por ser como eres.

Sientes tu cuerpo, sientes algo nuevo, cómodo, amoroso, extendido o relajado. Eres más persona que antes y esta persona también.

Es tu regalo para ella y para todos los que resuenen con vosotros dos.

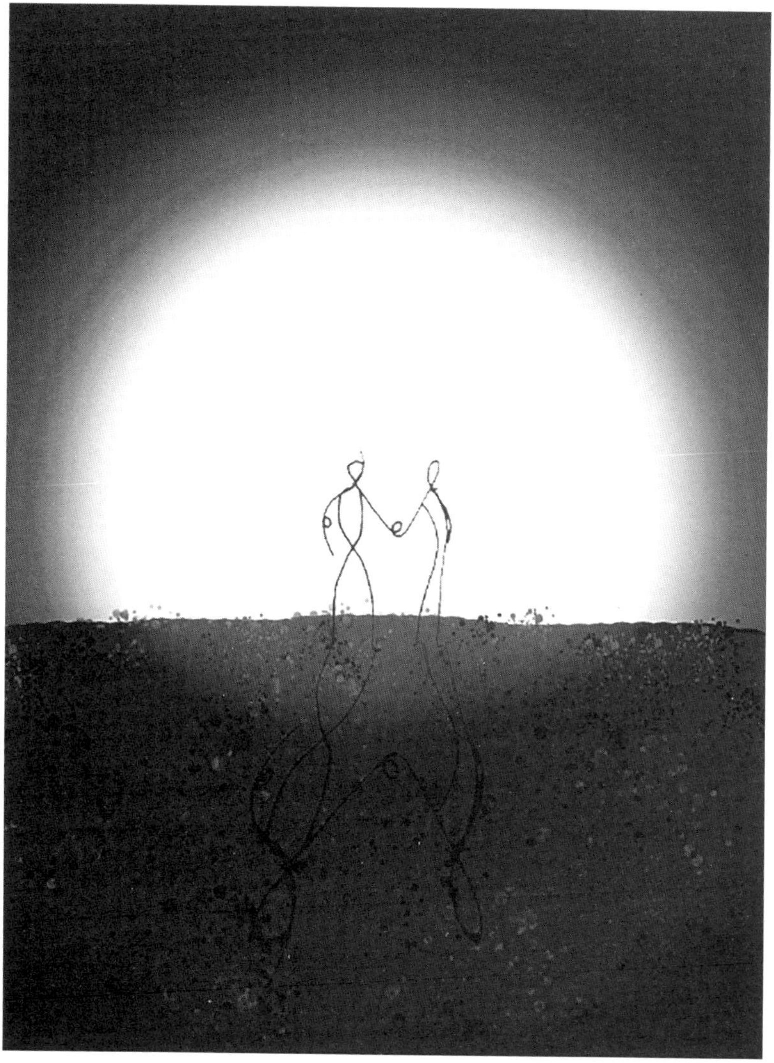

11
Pareja y amor

Vivir en pareja es la mayor escuela de crecimiento que nos propone la vida.

Ser feliz, hacer feliz al otro, cumpliendo cada uno a la vez con nuestro proyecto de pareja y con nuestro destino individual, es una meta a la que dedicamos nuestra vida entera.

Estos ejercicios nos darán pistas sobre lo que bloquea nuestra relación. La entrega al respeto y al amor, en especial al otro género, nos remite a lo vivido en la infancia, a la herencia de miedos y mandatos limitantes del sistema familiar y al sentimiento de culpa por permitirnos amar a alguien diferente.

En la base de la entrega adulta a una pareja está la fidelidad ciega e infantil a los padres. El pequeño se prometió no hacer nada mejor que su padre o su madre, para permanecer fiel y agradecido a ese progenitor. Una vez adulto, siente el miedo a la intimidad inculcado en su infancia. Entonces, si bien no consigue lograr el amor en la pareja, ese adulto se consuela inconscientemente por seguir siendo fiel a sus padres...

Como dice Bert Hellinger, sin madre no hay pareja. En efecto, al tomar a la madre conectamos con las emociones, con el amor y con el éxito en la pareja, que en sistémica se traduce por lograr la estabilidad en la pareja. Y cuando tomamos a los dos padres como una unidad es cuando integramos la intimidad de pareja y la capacidad de vivirla con otra persona adulta. En relación con esto, remitimos a dos ejercicios descritos en otros capítulos: «Tomar a la madre» y «Ver a los padres como una unidad».

Sanar una relación frustrante

Para resolver dificultades y sufrimientos que han surgido en la relación con una persona.

Tómate mucho tiempo para responder a cada pregunta, para experimentar las respuestas con imágenes y sensaciones.

Nuestros conflictos y frustraciones con los demás son espejos de nuestras necesidades insatisfechas en la infancia. Ahora los puedes sanar.

> **Recuerda a esta persona** con quien quieres sanar algo. Puede ser una relación actual o pasada, padres, hermanos, amigo, pareja, etc. Primero recuerda lo que te atraía de esta persona, y cómo fue la historia global de esta relación.
> **Los aspectos benéficos de esa relación.** Ábrete a los beneficios que recibiste de esta relación, piensa en las necesidades que pudiste satisfacer. Sin crítica, sin juicio.
> **Sus carencias.** Ábrete ahora a los aspectos negativos, insatisfactorios, frustrantes de esta relación. No busques coherencia, ni valoración de tus recuerdos, solo lo que viviste.
> ¿Cuáles son tus reacciones a estas carencias? ¿Qué sentimientos provocaron en ti? Déjalos venir, sin entregarte a ellos. Permítete ver todas las frustraciones que viviste en esta relación.
> ¿Qué necesidades insatisfechas han despertado estas frustraciones? Tómate el tiempo de recordar los sentimientos provocados por las insatisfacciones de la relación. Cada

uno de ellos existe desde hace tiempo en tu vida. Haz una lista de las carencias de la relación juntando cada una de ellas con una necesidad insatisfecha de tu infancia.

Siente en tu cuerpo cada necesidad insatisfecha de la infancia. Deja que estas necesidades frustradas tomen forma dentro de ti. ¿A qué se parecerían si tuvieran consistencia, forma, color, peso? Tómate tu tiempo para tener una imagen concreta de cada una de estas carencias de la infancia.

Tus quejas al compañero. Ahora considera tus quejas, lo que te duele de lo que hace o no hace esta persona con respecto a la satisfacción de esas necesidades tuyas. ¿Cuál es la actitud de la otra persona que más te haya hecho sufrir: su frialdad, su incomprensión, su intolerancia…?

¿No será esa tu actitud interna frente a tus propias necesidades? ¿No será que en el fondo te haces a ti mismo lo que te duele que te hagan los demás? Y por ese motivo estás enojado con esa persona…

Acoge a tus heridas. Observa delante de ti todas estas carencias de la infancia, con la imagen concreta que te hiciste de ellas. Diles: «*Ahora he crecido, soy adulto, adulta, puedo con lo que me toca. Puedo. Ahora me doy lo que necesito y lo que no puedo, lo asumo. Gracias por todo lo que crecí gracias a cada una*». Las miras con tu corazón y tus ojos adultos, descubriendo su misión y su belleza. Observa cómo cada una se transforma, déjate llevar por la emoción y el agradecimiento, mientras todo se convierte en una única figura, llena de alegría, amor y fuerza. Disfruta, siente la plenitud y la gratitud.

Gratitud hacia el otro. «*Gracias a ti descubro mi fuerza. Sé que lo mismo te está pasando a ti conmigo*».

Amor y compasión hacia ti mismo. Visualiza una imagen de ti mismo muy pequeño, con tres o cuatro años, a la edad de aquellas carencias. Le das la mano y visitas con él toda tu vida actual, para que vea cómo cada uno de sus sufrimientos fue el fertilizante de todos tus logros. Ahí donde estaba el mayor dolor, está tu gran singularidad al servicio de la vida.

Pídele un poco de tiempo para metamorfosear toda tu infancia.

Ahora, devuélvelo al pasado, con gratitud y respeto hacia ti mismo y todo lo que tuvo que pasar. Siente cómo la luz y la vida se expanden dentro de ti.

Siente cómo esta luz brillante te llena, te inunda, inunda todo tu cuerpo, toda tu vida, inunda tus necesidades, dando un nuevo relieve a todos los momentos de tu vida, y siente la confianza que tienes, la confianza en ti, en la vida como es, la seguridad de que cada día eres más tú, conectado a Algo más grande.

MI PAREJA, MI MAESTRO

De los demás, y en particular de mi pareja, únicamente me molesta el comportamiento suyo que me recuerda algo de mí.

Observo lo que me crispa o enfada de mi pareja. Me lo describo de modo que pueda resumirlo en muy pocas palabras, si es en una mejor.

Ahora observo cómo vivo yo «esto» en mi vida. Me daré cuenta de dos posibilidades:

- En efecto, yo tengo «esto», o lo tuve. Entonces, cerrando los ojos e imaginando a mi pareja, le digo: «*Soy como tú*».

- Yo nunca me permitiría «esto». Fue severamente reprimido en mi infancia. Cerrando los ojos, le digo a mi pareja: «*Te tengo envidia*».

Si este recuerdo trae angustia, entonces se necesitará hacer el ejercicio «Ordenar nuestra vida» y luego «Integrar traumas y conflictos».

Las frases sanadoras en la pareja

Elige las frases que más te resuenan y practícalas en meditación o a lo largo del día. Puede que cada día necesites utilizar una frase diferente.

Las palabras clave son: *sí, gracias, por favor.*

Te tomo exactamente como eres.
Gracias por ser como eres.
Veo, tomo y agradezco lo que me das.
Por favor, tómame como soy, imperfecto
  y diferente.

Veo, honro y amo a toda tu familia.
Veo, honro y amo tus valores.

Veo, honro y amo lo que nos guía juntos, veo, honro
  y amo lo que te guía a ti, veo, honro y amo lo
  que me guía a mí, aun cuando esto nos pueda
  separar.

> *Ahora me doy cuenta del daño que te he hecho:*
> *te he faltado al respeto, te he menospreciado,*
> *he hablado mal de ti, te corrijo, te digo lo que*
> *tienes que hacer, te digo lo que tenías que*
> *haber hecho, no veo lo que haces por nosotros,*
> *me creo mejor persona que tú, más inteligente,*
> *más profunda, más evolucionada, etc.*
> *Asumo mi responsabilidad. Asumo las*
> *consecuencias.*
> *Decido reparar.*

Las exparejas

Se trata de respetar la jerarquía natural que dice que el que llegó primero necesita ser honrado por el que llegó después.

Nuestra pareja se sentirá mucho mejor cuando hayamos respetado esa jerarquía natural, es decir, cuando me haya inclinado ante todas las exparejas que hicieron sitio para mí. Descubriré que no soy mejor que ellas, yo solo soy el último o la última.

Nuestros hijos se sentirán mejor también. Pues si no hemos agradecido a una antigua pareja, uno de nuestros hijos la tendrá que representar, viviendo todas sus vicisitudes amorosas sin darse cuenta, y, además, sintiéndose más como amigo o novio que como hijo/a de uno de sus padres, con las consecuencias desastrosas que tiene esto.

> Si eres mujer, imagina a tus parejas masculinas a tu derecha, la más reciente (la última) junto a ti, la más antigua (la primera) más alejada.

Si eres hombre, imagina a tus parejas femeninas a tu izquierda, la más reciente más cerca de ti, la más antigua (la primera) más alejada de ti.

Si eres homosexual, ordenarás a tus exparejas poniéndolas en fila delante de ti, la más antigua más hacia el pasado.

Miras a tu primera pareja, le dices algo así: *«Gracias por tu amor. Fue muy grande. Nos quisimos mucho. Ahora todo ha terminado y todo lo que aprendí contigo lo llevé a la siguiente pareja. Gracias por haber hecho sitio. Estás libre, estoy libre. Conservo para ti un cariño especial. Te deseo lo mejor»*.

Y vas repitiendo esto a cada una de tus antiguas parejas.

Si hubo sufrimiento con alguna de tus parejas, si sigues enfadada o enfadado, añades: *«Yo te elegí, para todo lo que pasó. Asumo el daño que yo te hice, y asumo las consecuencias. Tú también me hiciste daño. Estoy enfadado contigo. Dejo contigo tu parte de responsabilidad»*.

Y ahora, mirando a tu pareja actual, le dices: *«Tú y yo somos los últimos. Gracias por estar conmigo. Ahora me atrevo a ocupar mi lugar a tu lado. Gracias por tu amor. Te amo tal y como eres»*.

Ahora necesitas honrar a todas las parejas anteriores de tu pareja actual. No debes preguntarle sobre ellas. Imaginas a las que conoces, y si sientes que pudo haber alguna más la añades.

Frente a la primera pareja de tu pareja actual, inclinas la cabeza ante ella. Luego le dices: *«Tú eres la primera y siempre serás la primera. Gracias por haber hecho sitio para las siguientes parejas y para mí»*.

Luego, a las siguientes parejas de tu pareja, de una en una mejor, después de inclinar la cabeza ante ellas, dices:

> «Tú eres la segunda (la tercera, la cuarta), y siempre lo serás. Gracias por haber hecho sitio para las siguientes parejas y para mí».
> Quizás notes que las antiguas parejas se han ido, ya no pesan. Tú y tu pareja actual ya podéis tener una mayor intimidad, ya estáis disponibles el uno para el otro.

Dificultades en la pareja

Las dificultades de relación, sexuales, de poder, los rechazos de todo tipo, suelen mostrar la presencia de un excluido/a que necesita ser visto y soltado.

> Tres lugares: los dos miembros de la pareja y el excluido/a.
> Vas a ocupar primero el lugar de cada uno para percibir la dificultad de relación entre la pareja.
> Luego miras al excluido/a, con amor, sin miedo ni enfado, y le dices (después de cada frase observas el efecto de la frase sobre los otros dos):
>
>> Te veo.
>> Veo tu dolor.
>> Te amo.
>> Todo ha terminado.
>> Por favor, mira nuestra pareja con amor.
>
> Ahora mirando a tu pareja: «Empecemos de nuevo. Te amo».

El trío

Si vives un trío amoroso estable, te puede ayudar hacer este ejercicio.

Es necesario saber que no podemos tener una misma relación con dos personas a la vez. Si vivimos una relación de pareja con dos personas diferentes, será que con cada una establecemos una relación distinta y complementaria: con una de las dos tendremos una relación de igual a igual, y con la otra una relación materno o paternofilial. Por eso se mantienen juntas.

Y si esta relación es estable es que todos lo necesitan así. Un ejemplo frecuente: observamos que una pareja casada tiene una relación maternofilial que se mantiene gracias a que uno de los dos, o los dos, tienen un amante con quien se relacionan con atracción de pareja, de igual a igual. El o la amante solamente es atraída por una pareja no disponible, porque, sin saberlo, sustituye a una primera relación de su padre o de su madre y se enamora de un sustituto de su padre, un hombre casado. Tan es así que, cuando el casado decide separarse de su mujer, él o su amante repentinamente pierden la atracción y el amor se desvanece.

La necesidad de tener un amante muestra que uno no ha tomado a su madre o reemplaza a una pareja anterior de uno de sus padres.

> Este ejercicio es «diagnóstico»; a partir de lo que descubras podrás orientar tus próximos ejercicios de crecimiento.
>
> Tú mismo vas a representar a todas las personas de este trío: tú, la pareja o las parejas y el/la o los amantes.
>
> Te vas a situar alternativamente en cada uno, con respeto, sin emoción y sin intención.

> Observas lo que siente cada uno y cómo mira a los demás, para saber con quién se siente de igual a igual, con quién se siente más grande o más pequeño.
> Agradeces a cada uno su presencia.

Infidelidad

Cuando alguien sufre una infidelidad, a menudo es porque desde hace un tiempo se ha alejado de su pareja, inconscientemente atraído por un muerto excluido, casi siempre desconocido. Esto se traduce en aburrimiento por la vida, por la pareja, por el sexo. El otro sigue enamorado y vivo, acumulando soledad y frustración sexual, y, a veces, encuentra otra persona «viva» con quien va a tener una aventura, a menudo con el deseo inconsciente de que esto despierte a su pareja, porque es a quien realmente quiere.

> **Has sido la víctima de la infidelidad:**
>
> Tres lugares: los dos miembros de la pareja y el excluido. Te sitúas en cada uno para comprender lo que ocurre.
> Te pones en ti, mirando al excluido, y le dices: «*Tú estás muerto y yo sigo viva/o. Te amo. Te dejo descansar en paz. Ahora elijo la vida*».
> Estás frente a tu pareja y le dices: «*Ahora te vuelvo a ver. Me doy cuenta del daño que te he hecho. Asumo mi responsabilidad, asumo las consecuencias. Decido reparar. Te amo*».
> Puedes comprobar cómo se siente entonces tu pareja.

> **Tú has tenido un/a amante:**
>
> Cuatro lugares: tú, tu pareja, tu amante y el excluido. Representas a cada uno, varias veces.
>
> Te das cuenta de que después de cada vuelta completa todos han cambiado.
>
> Vas a dar un mínimo de tres vueltas, pasando por cada uno. Y cuando sientas que ya no hay movimiento es que debes dejarlo.
>
> Al final acabas honrando a cada uno como es.

Dejar de hacer de novio de papá o mamá

Cuando uno nace, reemplazará a los que han hecho sitio para él y no fueron agradecidos por los padres. Este que ha hecho sitio para él puede ser un hermano no nacido, la primera pareja fallecida de uno de los padres, o una primera pareja de los padres.

Este reemplazo de la primera relación de nuestros padres es independiente de nuestro sexo, con lo que esta intrincación puede acarrearnos bastantes dificultades de identidad sexual.

Veremos que podemos estar reemplazando a la primera pareja de cada progenitor.

Se debe respetar la intimidad de los padres, no tenemos permiso para preguntarles quién fue su primera relación importante, afectiva o sexualmente.

> Realizas el ejercicio una vez con el padre y una segunda vez con la madre, sin saber nada de su vida amorosa.

Con el padre:

Hay tres lugares: tú, el padre y su primera relación.

Ocupas alternativamente cada lugar para sentir las relaciones. Te darás cuenta de que no te sientes más pequeño que tu padre, que sería lo conveniente para un hijo o una hija.

Ahora, mirando a la primera relación de tu padre, le dices estas frases, y antes de decir la siguiente averiguas la reacción de la primera pareja:

Te estoy reemplazando.
Gracias por haberte retirado y haber dejado el lugar para mi madre y para los hijos.
Te devuelvo tu amor por mi padre y tu enfado, tu desprecio y tus celos por mi madre.
Te devuelvo tu fracaso en el amor.
Te libero de mí.
Por favor, mírame con buenos ojos.

Ahora miras a tu padre:

Ahora te veo y te tomo como mi padre.
Para ti, mamá es más importante que yo.
Os honro a los dos como mis padres.
Sois los grandes, yo el pequeño/a.
Papá, te prometí no amar a ningún otro hombre más que a ti. Te libero de mi promesa, ahora decido vivir el amor de pareja con alguien disponible de mi generación.

Con la madre:

Tres lugares: tú, la madre y su primera relación.

Ocupas alternativamente cada uno para sentir las relaciones. Te darás cuenta de que no te sientes más pequeño que tu madre, que sería lo conveniente para un hijo o una hija.

Ahora, mirando a la primera relación de tu madre, le dices estas frases, y después de cada una averiguas su reacción:

> *Te estoy reemplazando.*
> *Gracias por haberte retirado y haber dejado el lugar para mi padre y para los hijos.*
> *Te devuelvo tu amor por mi madre y tu enfado, tu desprecio y tus celos por mi padre.*
> *Te devuelvo tu fracaso en el amor.*
> *Te libero de mí.*
> *Por favor, mírame con buenos ojos.*

Ahora miras a tu madre:

> *Ahora te veo y te tomo como mi madre.*
> *Para ti, papá es más importante que yo.*
> *Os honro a los dos como mis padres.*
> *Sois los grandes, yo el pequeño/a.*
> *Mamá, te prometí no amar a ninguna otra mujer más que a ti. Te libero de mi promesa, ahora decido vivir el amor de pareja con alguien disponible de mi generación.*

Voy de flor en flor

El don juan, o la persona (hombre o mujer) que tuvo varias parejas, es una persona que no ha tomado a su madre y la busca de pareja en pareja. Cuando se enamora, piensa: «Ya la he encontrado, es la mujer ideal, es la mejor»; lo que suele pensar el niño que ha perdido a su madre de pequeño y solo rememora un recuerdo idealizado y totalmente alejado de la realidad.

Entonces, esta persona, hombre o mujer, se enamora locamente, y a los pocos meses o pocos años se decepciona («No es como creía que era, incluso se enfada, me engañaste...»), su inconsciente se ha dado cuenta de que no era su madre. Poco después se vuelve a enamorar («Esta vez sí es la buena»), y necesariamente se vuelve a dar cuenta de que no es la mujer ideal que deseaba (es decir, no es su madre), se vuelve a desenamorar y separar, se vuelve a enamorar...

> Cuatro lugares o cuatro personas: tú (el o la que busca la estabilidad en la pareja), tu madre, un excluido/a desconocido/a, el amor de pareja.
> Después de ver cuál es el movimiento de cada uno, te sitúas frente a tu madre.
> Después de cada frase o movimiento que hagas, te pones en el lugar de tu madre para ver cómo lo recibe y cuál es la información nueva que te pueda dar.
> Tus pasos serán:
>
> - Darte cuenta de que tu mirada se dirige al excluido/a antes que a los demás.
> - Dices al excluido/a: *«Ahora te veo. Gracias por haber hecho sitio. Te devuelvo tu amor por mi madre».*
> - Dices a tu madre: *«Madre, ahora te veo. Soy tu hijo o tu hija. Tú y papá me habéis dado la vida. Soy vuestro hijo/a. Vosotros sois los grandes, yo el pequeño/a. Ahora soy adulto/a y decido vivir el amor de pareja con alguien de mi generación».*

En ese momento, acompañas tus palabras con un movimiento hacia la vida.

El representante del amor de pareja se habrá movido a lo largo del ejercicio, y probablemente al final te quiera acompañar o esperar en la vida.

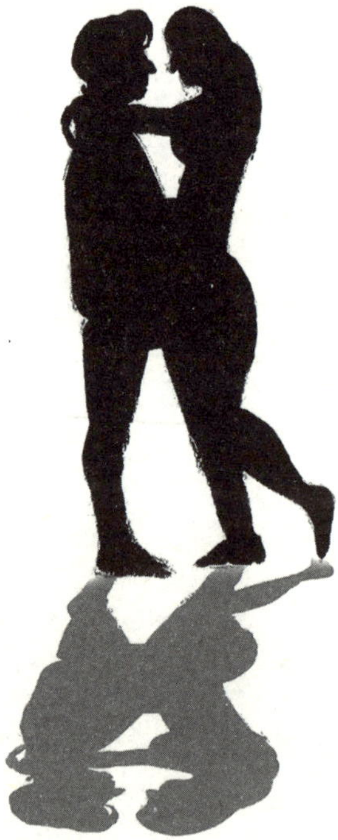

12
Familia

La familia es una comunidad de destino, todos forman parte del mismo gran sistema familiar, todo lo que afecta a uno afecta a todos, todos son tomados al servicio de la creación de la vida y del crecimiento del amor.

El sistema familiar también se puede llamar campo morfogenético familiar u holograma familiar: campo de memoria que informa a cada descendiente de lo vivido hasta entonces y de su destino al servicio del sistema, que a su vez está al servicio de otros sistemas mayores y del destino colectivo del universo.

Los hijos son los pequeños, están al servicio de los grandes. Todo ser vivo, por esa misma ley, está al servicio de su especie. El destino no es individual, el destino de uno será lo que la especie necesite a través de ese ser. Paradójicamente, al mismo tiempo, cada ser es visto y amado individualmente por Algo más grande.

En la relación entre los grandes y los pequeños, la actitud de los pequeños es fundamental. Si respetan a los mayores, sus destinos serán livianos. Pero el pensamiento mágico del niño y su amor arcaico incondicional hacen que se otorgue los sufrimientos de sus mayores, por lo que transgreden, por amor, la gran ley de respeto de los mayores y sus destinos se hacen más duros.

El último en llegar está al servicio de los primeros llegados. Una de las consecuencias importantes de esta ley de vida es que

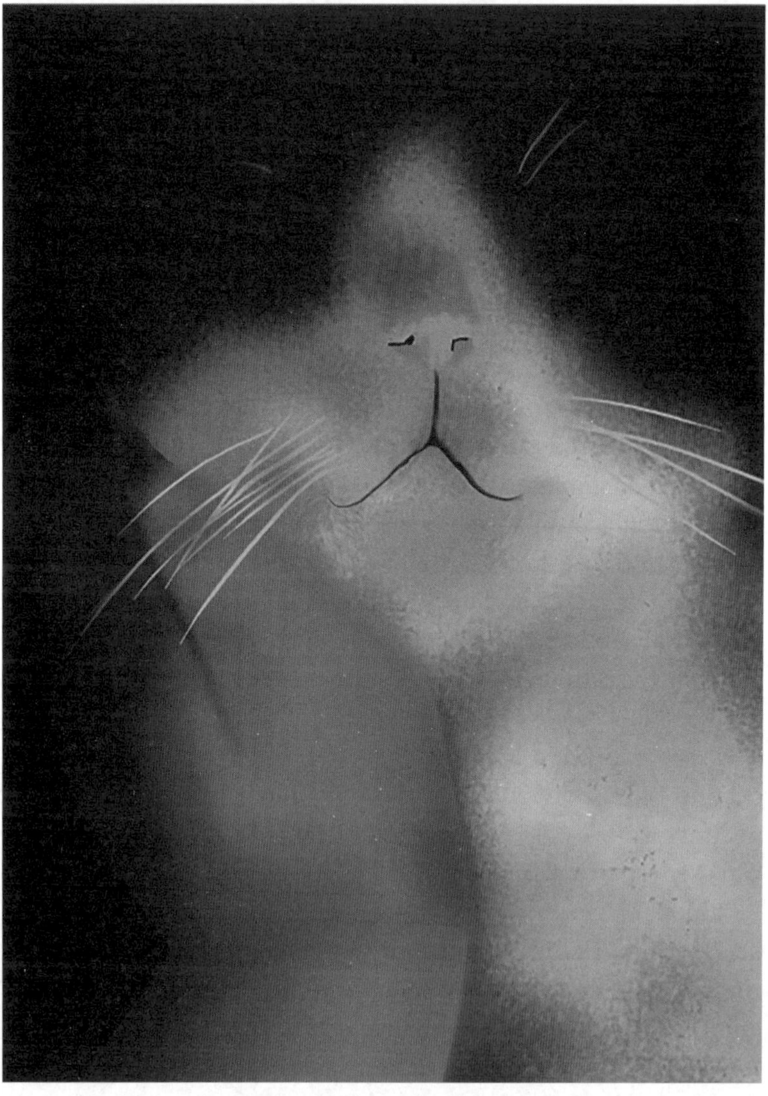

todo olvidado o excluido será representado por un pequeño, para ser visto y reincluido por alguien del sistema familiar.

Liberar a los hijos es prioritario, pues tienen como destino llevar los vínculos arcaicos pendientes (los que nadie ve o que pesan demasiado sobre los padres) de la conciencia familiar y, por lo tanto, su sufrimiento puede ser muy grande. Y no tienen autonomía para liberarse de estos vínculos arcaicos. Necesitan que alguien les dé permiso para soltar lo que llevan, pero lo harán solo si están seguros de que no van a perjudicar a sus padres al soltar la carga.

Mientras son dependientes de los padres solo pueden vivir la pertenencia a su familia y la adhesión incondicional a los valores y hábitos de los padres. Solo pueden imitarlos.

Los hijos ven a los excluidos que sus padres no ven…

Y lo muestran a través de cualquier comportamiento anómalo.

El fracaso escolar, las dificultades sociales, la enfermedad, el mal dormir o el mal comer son manifestaciones de la fidelidad de nuestros niños a excluidos.

Además de los ejercicios de este capítulo, te podrán ser de utilidad los siguientes: «El excluido», «Los perpetradores», «Encontrar nuestro lugar (para el hijo)» y «Tú por ti».

Las frases sanadoras en la familia

Deja de hablar de «*mis hijos*» y sustitúyelo por «***nuestros hijos***». Sin saber por qué, los hijos se sentirán mucho más fuertes y felices y la pareja o expareja se sentirá reconocida e incluida.

Al padre o la madre de los hijos comunes: «*Son nuestros hijos, son los mejores hijos para nosotros dos. Hijos, somos vuestros padres, somos vuestros únicos y mejores padres posibles*».

La madre a su hijo varón: «*Hijo, perteneces a la esfera de tu padre, ve con tu padre. Está muy bien para mí que estéis juntos*».

La madre al hijo o la hija, en especial en caso de padres separados: «*Hijo, hija, en ti veo, honro y amo a tu padre*».

El padre al hijo o la hija, en especial en caso de padres separados: «*Hijo, hija, en ti veo, honro y amo a tu madre*».

Al hijo o la hija difícil: «*Gracias por ver al excluido en nuestro lugar. Ya lo veo yo. Ya lo atiendo. Ya no te necesita. El excluido necesita que disfrutes de tu vida de niño. Veo tu dolor. Veo tu amor*».

Aunque haya conflictos y dificultades, dices: «*Asiento al destino como es y elijo la vida*».

Repites la frase como un mantra, sintiendo cómo te expande.

Tu pareja va a resonar con ella y empezará a cambiar también.

Vuestros hijos empezarán a permitirse ir a la vida y disfrutar de ella. Un hijo nunca se permite hacerlo mejor que sus padres. Uno de los padres ha de mostrar el camino de la liberación...

Estar preocupado

Preocuparse significa que la vida no se corresponde con lo que yo había imaginado, con mis expectativas, con lo que sería lo mejor en mi opinión. Es decir, que no quiero dejarme guiar por lo que hay, sino por lo que pienso que debe ser o debe ocurrir. Me siento por encima de la realidad...

No está de más recordar que las creencias, las expectativas y los sueños nos alejan de la realidad, por lo tanto del adulto.

La gran maestra es la realidad...

> Vas a disponer tres lugares: uno para ti, otro más lejos para la persona que te preocupa y, entre los dos, tu preocupación.
>
> Entra en cada uno para ver adónde mira y cuál es el movimiento de su cuerpo.

Te vas a dar cuenta de que tú solamente miras a tu preocupación y no a la persona que te preocupa.

Si no estuviera tu preocupación podrías ver e interesarte por la otra persona. Por ahora lo único que te interesa es tu preocupación, es decir, tú mismo.

Lee esto en voz alta: *«Quiero que la persona* (nombre de la persona que te preocupa) *esté como deseo que esté y, si no está como yo lo deseo, ya no me interesa. No me importaría que estuviera muerta».*

Y ahora:

> *Renuncio a mi preocupación.*
> (A la persona) *Elijo mirarte.*
> *Te amo.*
> *Ahora te tomo como eres.*
> *Asiento a tu destino. Me rindo a tu destino.*
> *Te amo.*

Si se trata de un hijo, añades:

> *Tú por ti, yo por mí.*
> *Esto es demasiado para ti.*
> *Yo puedo con ello.*

Para terminar, te sitúas en los otros dos papeles, el de la preocupación y el de la persona, y observas los cambios. La preocupación ha desaparecido y tú y la persona os podéis abrazar.

Relaciones difíciles con un familiar, padre, madre, hermano, hermana, etc.

Este conflicto suele mostrar la existencia de un excluido, cuya presencia invisible impide que las personas presentes puedan tener una relación armoniosa. En cuanto este excluido es reconocido y llevado a su lugar, la paz vuelve en la familia.

El excluido puede ser una pareja anterior de los padres, un hermano no reconocido, un aborto olvidado de cualquier generación, uno de los suegros...

Se puede realizar el ejercicio con tres personas, o bien la misma persona hará los tres papeles: los dos en conflicto más un desconocido, el excluido.

Representar primero a cada uno, quizás varias veces. En algún momento, dirá al excluido: *«Ahora te veo. Yo soy* (tu nombre y apellidos)».

Y a la otra persona le dice: *«Y tú eres mi hermano, mi madre... (lo que corresponda), ahora te veo a ti también».*

Frente al bloqueo escolar o comportamiento difícil de un joven, niño, hijo

Por amor incondicional el hijo no puede hacer otra cosa que ver al excluido que los padres no vieron, porque ellos, a su vez, con su amor incondicional vieron a los excluidos que sus padres, los abuelos, no vieron y les están dedicando toda su vida, sin poder ver a nadie más.

¿Cómo se manifiesta el ver a un excluido? Por una anomalía en nuestra vida, por algo desagradable que despierta la atención para provocar un cambio como una inclusión, un sí, un soltar, una toma de autonomía…

> Para realizar entre tres personas o en visualización, como lo explicamos aquí: el adulto frente al joven y su bloqueo o comportamiento difícil.
>
> La persona imagina a ese joven. Se sintoniza con el *«Sí, asiento a todo»*.
>
> Mira con respeto al joven, ve a su lado su destino; honra al destino.
>
> Luego dice al joven: «*Tu amor es tan grande. Gracias por ser como eres*».
>
> Honra su comportamiento difícil y lo toma en su corazón.
>
> Imagina, detrás del joven, a un excluido por amor que tiene este comportamiento.
>
> La persona se ve enfrente, a distancia y mucho más pequeña que ese excluido.
>
> Y reverencia al excluido, lo más profundamente posible.
>
> Honra su sufrimiento, su vida inconclusa, su destino. Sin desear nada ni decir nada, solo respetando con amor al que no fue respetado.
>
> Luego la persona dice al joven: «*Tú eres* (su nombre), *el hijo o la hija de* (nombre del padre) *y de* (nombre de la madre), *eres el mejor hijo o hija para tus padres*».
>
> Al cabo de un tiempo la persona se retira.

La solución intentada en vano

En el problema está la solución.

Los terapeutas especializados en terapias breves se han dado cuenta de que en las consultas que no han producido un resultado rápido, la solución propuesta ha mantenido el problema.

Las soluciones que nos solemos dar o que damos a nuestros hijos o alumnos, si no son inmediatamente eficaces, están manteniendo el problema.

A veces tenemos un objetivo, una meta, que no conseguimos alcanzar por muchos esfuerzos y soluciones que hayamos intentado: adelgazar, cambiar de hábitos, etc. Estamos dando vueltas y vueltas aumentando la dificultad. Este ejercicio es el que necesitamos…

Este ejercicio es particularmente poderoso con los problemas de los pequeños, cuando los padres se desesperan porque no saben qué hacer cuando el bebé come mal, duerme mal, cuando el hijo en edad escolar no tiene éxito o tiene cualquier comportamiento anómalo.

Para tres personas o uno solo haciendo alternativamente los tres papeles.

Los tres papeles o tres lugares son:

- El problema.
- Las soluciones intentadas en vano.
- El yo cuántico de la persona o del padre o madre de la criatura.

En caso de estar uno solo, la secuencia es la siguiente:

Representas «el problema», hasta que se quede inmóvil, en la postura y el lugar que sean.

Representas «las soluciones intentadas», sin pensar, sin intención. Dejándote llevar por el movimiento. Tomando conciencia de todos los lugares a los que mira, ahí están sus fidelidades y las razones de su fracaso. Por lo común, la solución intentada no ha mirado el problema. Se detiene cuando entra en algo repetitivo o cuando ya no hay movimiento.

Representas «el yo cuántico».

Primero lees lo que sigue: *«El yo cuántico lo mira todo. El yo cuántico se despide sin cesar del pasado, con gratitud. El yo cuántico elige siempre la vida».*

Ahora representas al yo cuántico, que está detrás de ambos, del problema y de la solución intentada en vano. Sin intención, sin palabras, dejándote guiar solamente por el cuerpo.

El yo cuántico mira el problema y todo lo que le rodea, con agradecimiento.

Mira la solución intentada y, sobre todo, a cada uno de los lugares donde ella miraba, ahí están excluidos necesitados de ser vistos y agradecidos. Se despide con gratitud de todo lo que ha estado mirando antes.

Ahora el yo cuántico dice en voz alta: *«Elijo la vida»*, se acerca al problema y se deja mover, hasta que sienta que llega a la vida con el problema transmutado.

En caso de ser tres personas, la persona por la que se hace el ejercicio hará de su propio yo cuántico.

La triangulación: alianza sistemática contra una persona

A veces no podemos evitar aliarnos con una persona en contra de otra. Nos ocurre involuntariamente, casi cada vez que nos juntamos con esa persona. Por ejemplo, madre y abuela cada vez que el padre pide una relación más íntima con la madre. El padre con su hija, contra la madre; luego podremos quizás observar la alianza contraria: madre e hija contra el padre...

Se produce cuando un adulto no consigue vivir una relación de a dos sin introducir a una tercera persona. En nuestro ejemplo, el padre no consigue relacionarse con su mujer sin introducir a su hija, y al introducir a la hija la utiliza en contra de la madre: hacen frente común contra la madre.

Estas triangulaciones muestran la presencia de un excluido. El manipulado, el triangulado (aquí la hija), representa a un excluido que, al no ser reconocido (aquí por el padre), parasita la relación padre-madre. Y el sistema manifiesta su presencia a través de la hija. En este caso el excluido puede ser una expareja, una hermana, la madre del padre, etc.

Es posible hacer uno solo todos los papeles, aunque es más fácil entre tres o cuatro personas.

La persona se imagina a sí misma, a su aliado y a la tercera persona, la despreciada por los dos primeros.

Representa cada papel para sentir la posición y el movimiento si lo hay. Así puede observar cuáles son las relaciones entre los tres.

Ahora añade o imagina a un excluido detrás de su aliado, y se da cuenta de lo que cambia. La persona va a permanecer un tiempo en el excluido y en sí misma, hasta que pueda sentir amor de nuevo hacia el excluido, reincluirlo y soltarlo. Hasta que el excluido se vaya, con paz.

Después, observa si la relación con su aliado ha cambiado.

Ahora mira a la persona a la que menospreciaba y también vive el cambio que se ha producido.

Para terminar, la persona experimenta la nueva relación entre los tres. El despreciado y el excluido ya han salido del campo de exclusión y las dos primeras personas han salido del campo de la manipulación.

A veces se podrá averiguar quién era el excluido.

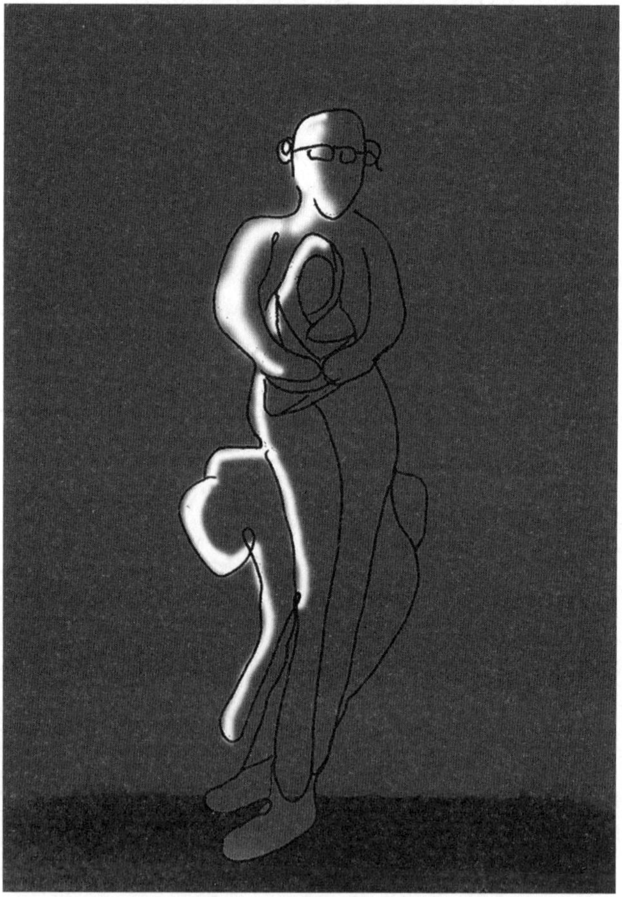

13
Trabajo, empresa, proyecto

LAS FUERZAS DEL AMOR, u órdenes del amor, que operan en la realización profesional son:

1. Sintonizar con la vida, asintiendo a todo.
2. Equilibrar el dar y el recibir, equilibrar el tomar y el devolver. Para poder dar (trabajar), antes hay que haber recibido y, por lo tanto, haber tomado activamente todo lo que sus padres le dieron. Esa deuda para con sus padres será el motor que empuja a todo ser humano a dar a los demás cuando es adulto.
   - Tomar a la madre.
   - Tomar al padre y a lo masculino (incluido lo masculino transmitido por las mujeres) del sistema familiar.
   - Tomar a la madre y al padre, conjuntamente e incondicionalmente.
   - Tomar y agradecer al país o lugar de origen (el país es un campo femenino, madre y país se tratan de la misma manera); incluye el lugar de origen de los padres y el lugar de nacimiento propio, así como el lugar donde uno ha crecido.
   - Tomar a la sociedad (se trata a la sociedad como se

trata al padre, la sociedad es un campo masculino) de estos países de origen con amor y agradecimiento, haya pasado lo que haya pasado, todo fue necesario.
- Agradecer y respetar al país y a la sociedad de acogida.
3. Compensar el daño hecho o recibido. Renunciar a la expiación y a la venganza.
- Reparar el daño que uno mismo ha causado.
- Reconciliación con los perpetradores.
4. Pertenencia y orden.
- Renunciar a la exclusión, a excluir o a ser excluido. Aceptar todo y a todos.
- Tomar su lugar en el país y la sociedad de acogida, respetando a todos los que estaban antes. El emigrado llega como el último.

En suma, la realización profesional es la culminación del respeto al amor en acción.

Para saber qué trabajar

Como ves, son muchas las causas posibles del fracaso en tu empresa o tu proyecto. Este ejercicio te va a ayudar a ver por dónde empezar.

Para trabajar de un modo eficaz, vas a escribir estas posibles causas en catorce papeles que irás testando. Las catorce posibilidades son:

- Sí a todo.
- Gratitud. Tomar a la madre. Tomar al padre. Tomar lo masculino. El país. La sociedad.

> - Reparar un daño. Culpa. Reconciliación.
> - Respetar a todos. Un muerto. Una intrincación. Tomar tu lugar exacto.
> - Otro.
>
> Vas a acercarte a cada uno de estos catorce papeles. Algunos te producirán bienestar; otros, malestar o movimiento hacia atrás, otros nada.
>
> Ahora tienes un diagnóstico que va a transformar tu éxito profesional.
>
> Busca los ejercicios correspondientes para lo que te ha creado malestar o debilidad.
>
> Tómate tu tiempo y, sin prisa, haz los ejercicios al ritmo que te marque tu guía. Hacer demasiados ejercicios o constelaciones seguidos empeora la situación.

Tomar al padre (cuando hay una reticencia a aceptar a ese padre)

Tomar incondicionalmente a nuestro padre permite que la fuerza, la capacidad de adaptación a la realidad, la realización profesional y el sentido de responsabilidad fluyan en nuestra vida.

> Habrá tres personas: tú, el padre «en toda su grandeza de padre» y un tercero que será tomado por el campo.
>
> Tú haces de ti mismo, y la información del representante de tu padre te ayudará a ver lo que te falta.
>
> Si no consigues mirar a tu padre con gratitud y humildad, mirarás a la tercera persona y le dirás: «*Te devuelvo tu*

vida y todo lo que viviste con mi padre. Yo soy su hijo, solo su hijo».

Entonces este hijo o hija podrá inclinarse ante su padre y decirle: «*Gracias por la vida, gracias por ser tú mi padre*».

A partir de ese momento, una gran fuerza te empujará hacia la vida. Entonces el padre sentirá que ha cumplido con su misión de padre.

Bailar con el mundo

La misión del padre es la de entregar a su hijo o hija al mundo.

Habrá tres personas: la persona, el padre «en toda su grandeza de padre» y un tercero que representará al mundo. La persona hace de sí misma.

Primero padre e hijo/a se miran, hasta que se muestre un profundo amor entre los dos, aunque el padre no necesite abrazos.

En un momento dado, el hijo o hija se sentirá impulsado a ir hacia la vida, adonde el mundo también se habrá sentido empujado a ir.

No hay protocolo; las fuerzas del amor dirigirán todos los movimientos con mucha belleza.

Dificultad en la empresa o en un proyecto

Todo lo que vivimos fuera de nuestra familia de origen (con los amigos, el trabajo, el ocio, la pareja) es consecuencia de lo que experimentamos cuando éramos pequeños. En este ejercicio vas a ver que tu dificultad profesional no es más que el espejo de algo sin resolver con tus padres o ancestros.

> Para empezar, habrá dos lugares: tú y la empresa o el proyecto. Los representas para sentirlos bien y ver lo que te muestran: un muerto si miran al suelo, un ancestro si van hacia atrás o miran atrás, una emoción bloqueada si hay un dolor en una parte del cuerpo, etc.
> Ahora imaginas frente a ti a tus padres con la dificultad que surgió (en la empresa o en el proyecto) junto a ellos. Ahora son cuatro lugares diferentes: tú, tu padre, tu madre y la dificultad.
> Te colocas en cada uno para observar los movimientos entre ellos.
> Sanas todo con frases y movimientos tuyos.
> Recuerda que solo cuando te representas a ti mismo puedes decir las frases y decidir tener movimientos como honrar o ir a la vida.
> Para terminar, vas a comprobar si ha habido un cambio: vuelves a representar a la empresa o el proyecto y a ti. Si has podido sanar la relación entre tus padres y tú, la relación entre la empresa o el proyecto y tú se habrá transformado.

¿Dónde está mi fuerza?

Nuestra fuerza para el éxito profesional depende del país en el que vamos a trabajar. No podemos elegir ese lugar. Nos viene dado por la vida. Se trata del país en el que tengo la mayor deuda y necesito compensar esta deuda con la calidad de mi trabajo.

Suele ser el país en el que naciste, país que te dio asistencia sanitaria, educativa, profesional, jurídica, etc. Cada país da todo lo que tiene a sus hijos. Y su riqueza depende del trabajo de cada uno de sus ciudadanos. Ahora tienes la oportunidad de devolver lo recibido trabajando para ese país. El entorno te facilitará el éxito.

Si tu padre y tu madre son de dos países diferentes, el país que más fuerza tiene para los hijos e hijas es el del padre.

Si hubo algún antepasado que debió su supervivencia a otro país, quizás este otro país te necesite.

Por el contrario, si eliges ir a vivir a otro país que no tiene nada que ver con tus raíces, no tendrás ninguna fuerza de éxito en ese país, todo se te volverá en contra. Si permaneces en ese país, es posible que algún hijo, agradecido por la acogida, se sienta pertenecer y con deseo de compensar lo recibido. Entonces ese hijo tendrá éxito.

Aquí el concepto de país es el del país oficial, porque es el que vive una pertenencia solidaria con todos los ciudadanos. Por ejemplo, en un país con estados federados, la deuda individual no es a uno de los estados, ni a una ciudad, sino al país en su conjunto.

> Vas a representar los diferentes países en los que podrías trabajar, para sentir cuál es el único en el que puedes tener éxito profesional:

- El país en el que naciste.
- El país en el que nació tu padre.
- El país en el que nació tu madre.
- El país de origen de la rama paterna.
- El país de origen de la rama materna.
- Otro.

Imagina a todos estos países en semicírculo y tú delante, en medio.

Primero te colocas en ti para percibir a cuáles miras y a cuáles no.

Luego, te colocas en cada uno de los países, para sentir cómo te perciben.

Ahora, vuelves a ti y te vas a relacionar profundamente con los que más se han manifestado.

Piensa en cada país como en una madre, hónralo, ámalo y exprésale tu gratitud como a una madre.

Mi responsabilidad

Nuestro destino es colectivo, nuestra responsabilidad es individual.

Nuestro destino es un eslabón necesario para todos los sistemas a los que pertenecemos, al servicio de la evolución de la humanidad. Y tenemos la libertad y la responsabilidad de aceptar o no, y asumir o no, ese destino.

Alcanzamos nuestra mayor fuerza y fluidez dentro de nuestro destino individual cuando asentimos a él y asumimos nuestra responsabilidad en todos los actos (y pensamientos) de nuestra vida.

> Este ejercicio se puede realizar con tres personas o con una sola.
>
> La persona que decide empezar reparte los papeles, alguien hace de ella, alguien hace de su destino y ella misma hace de su responsabilidad.
>
> Al cabo de unos minutos, cuando el movimiento se ha detenido, la persona dice a la que la representaba: *«Ahora yo soy yo y tú eres mi responsabilidad»*. De esta manera, en respuesta a la información que acaba de recibir, la persona puede tomar una nueva decisión, como la de mirar su responsabilidad, caminar con ella o abrazarla, mirar su destino, asentir o agradecer, etc.
>
> Si la responsabilidad o el destino estaban tumbados o mirando a un muerto, significa que la persona tiene que ver a un muerto antes de poder asumir y avanzar.
>
> Recordaremos que los representantes se dejan mover, no pueden tomar iniciativas, ni en gestos ni en pensamientos, están movidos por la resonancia del campo, por Algo más grande. Solo la persona que hace de sí misma puede pensar, hablar o actuar.

Tengo los recursos que necesito

Después de haber confirmado la validez de un objetivo con el ejercicio «Las expectativas y lo esencial para mí», este ejercicio presente permitirá reforzar el éxito de ese proyecto, o vencer dudas sobre la propia capacidad.

1. **Definir la línea del tiempo:** marcar una línea en el suelo, señalando con un papel dónde estarán el pasado y el presente.

   Pasado   Recuerdos de éxito   Presente   Futuro

2. **Definir el objetivo** desde el presente. Describirlo con todo detalle, verlo, sentirlo. Aclarar las creencias que lo sustentan.

3. **Vivir el objetivo conseguido,** avanzar hacia el futuro para vivir el objetivo conseguido: viendo, escuchando, haciendo y sintiendo mentalmente la realización del objetivo.

4. **¿Cuáles son los recursos que faltan para que el objetivo se pueda conseguir más plenamente?** Fuera de la línea del tiempo, miras al presente y piensas qué capacidades necesitas para la consecución de este objetivo: actitudes, capacidades, creencias, valores, identidad personal, sentido de la vida.

5. **Buscar recuerdos de éxito en el pasado,** como mínimo tres. Buscas tres momentos del pasado en que te sentiste al máximo de tus capacidades. Das un nombre a cada experiencia pasada y pones un papel para cada una en la línea del tiempo entre tu presente y tu pasado.

6. **Revivir los recuerdos de éxito.** Te colocas en el recuerdo más reciente, cierras los ojos y lo revives plenamen-

te, viendo, escuchando, haciendo y sintiéndolo todo mentalmente. Haces lo mismo con los anteriores. Cuando llegas al último, vas a revivir de nuevo cada experiencia, yendo del más antiguo al siguiente, esta vez más rápidamente, hacia el futuro, e integrando los dones de cada recuerdo dentro de tu cuerpo, poniendo cada vez tus manos en el pecho, exactamente en el timo, repitiéndote: «*Gracias a mí mismo por estas capacidades, por estos valores, por ser así y por la misión que me toca*».

7. **En el presente, observas el objetivo** y sientes el cambio que se ha efectuado en ti. Te diriges ahora hacia el futuro, dándote el tiempo de vivir y sentir el cambio.

LOGRAR UNA META EN SINTONÍA CON EL DESTINO[21]

Gregory Bateson explica que un problema se resuelve con mucha facilidad si nos situamos en un nivel de abstracción superior al nivel en que se planteó. Y por el contrario, el problema permanecerá cuando lo intentemos resolver desde el nivel en el que se originó.

Los diferentes niveles de abstracción de la realidad seleccionados para este ejercicio son: el nivel de la realidad concreta, el siguiente es el nivel de la conducta respecto a esta realidad, luego viene el de los principios y valores que dicen por qué este asunto tiene o no importancia para la persona, luego viene un nivel más abstracto y más decisivo, la identidad y la misión, y el más alto de todos, el nivel de lo que da sentido a toda la vida y es fuente de la mayor motivación.

---

[21] Adaptación de la «alineación de los niveles lógicos» de Robert Dilts, a su vez inspirado por Gregory Bateson.

Este ejercicio va a enseñarnos a ver nuestra vida a través de los niveles que le dan sentido. Una vez que una actividad nos permite cumplir con nuestro sentido de la vida, todo se arregla y encontramos fácilmente cómo adaptarnos a la exigencia presente para ponerla al servicio de nuestra misión de vida.

Primera parte

Vas a responder por escrito a cada una de estas preguntas:

1. Cuál es la meta concreta que quieres alcanzar con este ejercicio. El qué.
2. Cuál es tu conducta actual que te crea dificultades para alcanzar tu meta: confusión, miedo, falta de visión, enojo, etc. El cómo.
3. Cuáles son tus capacidades: las que deberían ayudarte a tener éxito, las que tienes y las que necesitas adquirir. Con qué.
4. Tus principios y valores, mirando los grandes sistemas en los que participas: tu familia, tu país, tu profesión, la humanidad, tus creencias, tu desarrollo. Qué valores te dirigen, a los que no quisieras renunciar nunca. Por qué.
5. Quién eres tú, cuál es tu misión. Completa estas frases:

    Yo soy...
    Soy un/una...
    Mis tres características esenciales son...
    Mi símbolo podría ser...
    La misión que me doy o que he recibido,
    el servicio que quiero ofrecer al mundo,
    a la sociedad, a mi vida es...

6. Más allá de todo esto, lo más grande que da sentido a mi vida es: la humanidad, el universo, Algo mayor, etc.

Cuál es mi relación con esto, cuál es mi transmisión...

Segunda parte

Vas a completar por escrito lo que sigue:

6. **Ya que soy parte** de (pones todo lo escrito en el punto 6, y más si quieres).
5. **Ya que soy** (vuelves a poner todo lo escrito en el punto 5). **Y que mi misión es...**
4. **Ya que mis principios y valores son...**
3. **Ya que tengo todas las capacidades que necesito** (y citas las que ya tienes y las que estás decidido a adquirir).
2. **Puedo tener** (ahora describes cómo vas a actuar para conseguir tu objetivo: seguridad, firmeza, me voy a planificar, lo voy a hacer en equipo, voy a pedir más tiempo, voy a reconsiderar el presupuesto, etc.).
1. **Voy a** (ahora defines o redefines tu meta concreta).

Tercera parte

De pie, vas a leer en voz alta toda la segunda parte, con una mano en el corazón o en el timo, de la manera siguiente (verás cómo la repetición es fundamental):

- Lees el punto 6.
- Lees los puntos 6 y 5.

- Lees los puntos 6, 5 y 4.
- Lees los puntos 6, 5, 4 y 3.
- Lees los puntos 6, 5, 4, 3 y 2.
- Lees los puntos 6, 5, 4, 3, 2 y 1.

Cuarta parte

Ahora vas a dibujar lo que acabas de vivir. Vas a representar con símbolos, formas, movimientos y colores cómo tu meta está ahora en sintonía con tu destino.

- Ponte en estado de meditación para hacerlo.
- Vas a empezar dibujando el punto 6 en un folio grande.
- En ese mismo folio, encima del dibujo que acabas de realizar, vas a dibujar lo que te sugiere el punto 5.
- Ahora, en ese mismo folio, por encima, añades la imagen del punto 4.
- Y así sucesivamente, añades encima del anterior un símbolo que representa al punto siguiente, hasta poder dibujar con mucha claridad, movimiento y nitidez el punto 1, por encima de todo, abarcado por todo, integrado en toda tu vida.

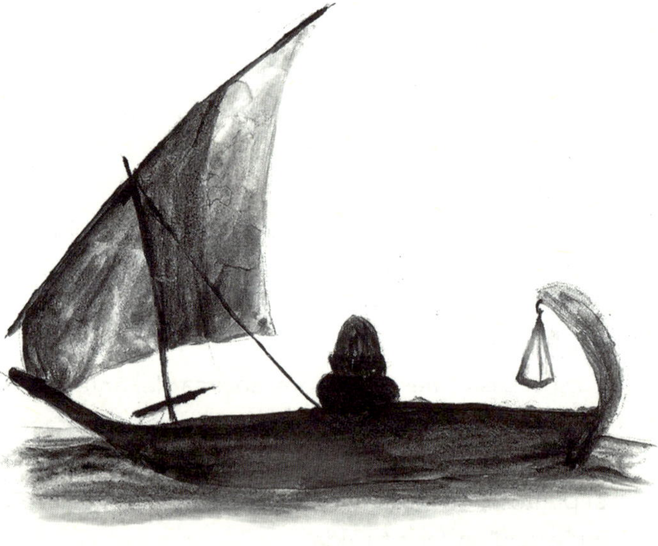

14
Empoderamiento, crecimiento

Una vez resueltos los conflictos o intrincaciones más limitantes, a menudo sentiremos el deseo de recobrar nuestra fuerza o alegría sin ahondar en vínculos anteriores.

Aquí ofrezco varios ejercicios que han mostrado su valor y eficiencia para aumentar nuestra presencia, eficacia y alegría cotidiana.

También se puede experimentar mucho alivio y transformación con los siguientes ejercicios, que se encuentran en otros capítulos: «Desenredar un conflicto (resolver una proyección o doble transferencia)», «Dramas o tragedias repetitivas», «El campo de resonancia mórfica que me toma», «El destino», «El ego», «El excluido», «Culpa por salir del grupo de pertenencia», «El holograma», «La solución intentada en vano», «La triangulación: alianza sistemática contra una persona», «El poder de los pensamientos».

El movimiento puro

Este ejercicio fue el modelo de las primeras constelaciones del espíritu.

Permite acceder a la fuerza de sanación e iniciar un cambio profundo, sin ninguna interferencia de nuestra parte. La persona se abre al movimiento de sanación, a Algo más grande o movimiento del espíritu, y se deja llevar.

> Primero chequeas para qué te conviene hacer este ejercicio. Dirás esta intención al principio, la entregarás a Algo más grande y te olvidarás.
> Decides en qué lugar está la vida y te colocas frente a ella, lo más lejos posible.
> En recogimiento, pronuncias la frase «*Me abro a Algo más grande*», y a partir de este momento te dejas llevar por el movimiento lentísimo que se va a desarrollar en tu cuerpo.
> Permaneces como en meditación, la cabeza vacía, sin intención, sin emoción, en silencio interior. Recuerda: en silencio, sin frases, aunque por costumbre vengan algunas. Si viene alguna frase la dejas irse, sin más.
> Te dejas llevar, sin querer cambiar el curso de lo que ocurra, sin hacer nada, sin buscar el significado de tus movimientos o gestos, sin imaginar ancestros, sin interpretar. Solo te entregas al movimiento puro.
> Llegará un momento en el que el movimiento te levante o te tire al suelo; esperas y sigues dejándote llevar.
> Hasta que en un momento dado, cerca de donde esté la vida, sientes que, después de sentirte muy bien, repentinamente la fuerza que te llevaba ha desaparecido y que el ejercicio ha acabado.
> Suele pasar entre diez y veinte minutos antes de llegar al final.
>
> Nota: Si aparece un dolor físico fuerte, puedes dejar el ejercicio.

Visualización para aumentar los recursos

Visualización para un momento de agotamiento, de duda, de no saber qué hacer o cómo actuar.

> Saludo a mi inconsciente (o a mi guía) con mucho respeto y le doy las gracias por lo que hace por mí, de día y de noche, sin descanso, velando por mi bien.
> Pido respetuosa y cariñosamente a mi inconsciente que encuentre tres recuerdos que me ayuden a sentirme mejor aquí y ahora. Le pido que me dé una señal (un movimiento involuntario o una sensación) cuando los haya encontrado. Gracias.
> Pido a todas las partes de mi inconsciente que observen estos recuerdos, para aprender de ellos. Cuando hayan aprendido algo de estos tres recuerdos, pido al inconsciente que me dé una señal. Gracias.
> Pido a mi inconsciente que extraiga del pasado los recursos y aprendizajes que contienen estos recuerdos y los ponga en el aquí y ahora: cuando esté hecho, que me dé la señal. Gracias.
> Pido a mi inconsciente que permita que estos recursos y aprendizajes me acompañen durante el resto de mi vida. Gracias.

Expandiendo la conciencia

Cada vez que adquirimos una nueva capacidad parece que nuestro último aprendizaje se ha esfumado y tenemos la sensación de haber olvidado todo lo alcanzado anteriormente. En efecto, los psicólogos han observado que cuando llegamos a un nuevo aprendizaje, se produce una regresión cognitiva, el último aprendizaje ha desaparecido de la memoria.

La integración de la nueva conducta se va a realizar gracias a la creación de nuevas rutas neuronales que asimilarán simultáneamente el nuevo y el último aprendizaje, fusionándolos y reforzando en ese momento su grabación en la expansión de conciencia de la persona.

Una vez integrada la última prueba que la vida nos ha presentado, nos sentiremos en posesión de una nueva fuerza para actuar, con nuevas tomas de conciencia y comprensiones. Estaremos listos para recuperar el último aprendizaje y fundirlo con lo nuevo.

En este ejercicio vamos a realizar esta integración, reconociendo el nivel de desarrollo que habíamos alcanzado antes de la última prueba y fusionándolo con la experiencia adquirida durante las últimas semanas.

Viviremos conscientemente un nuevo crecimiento, un nuevo salto evolutivo.

Instalamos estos puntos en la línea de la vida:

- Punto A: el momento presente.
- Punto B: la última prueba que acabamos de superar.
- Punto C: el nivel de crecimiento alcanzado antes de que llegara B.
- Punto D: nuestro nivel de desarrollo anterior a C.

D ☆ — C ☆ — B ☆ — A ☆ →

1. Empezamos en A, sintiendo esta desorientación y frustración de no reconocernos, viendo solamente el punto D.

2. Ahora nos colocamos en D y experimentamos el nivel de desarrollo de esa antigua época.

3. Poco a poco, vamos a remontar toda la línea de vida hasta hoy, reviviendo el último desarrollo, C, del que nos sentíamos orgullosos, luego atravesando B, estas últimas semanas de crisis y su superación, hasta llegar al presente en A.
   Nos tomamos el tiempo que haga falta, sin forzar nada, aceptando todo.
   En el presente, también esperamos hasta sentir nuestra expansión actual.

4. Desde A miramos a D, luego a C, esperando hasta que D y C se fundan en A.
   Vamos percibiendo cómo nuestro desarrollo anterior se va acercando lentamente, con su amplitud y todas sus tomas de conciencia y comprensiones.
   Hasta que mi superación de hoy se fusione con todo mi crecimiento anterior, y vivo una nueva expansión de conciencia.

5. Nos colocamos en D, esperando hasta tener el máximo de energía y sentir que esta misma energía nos propulsa hacia delante. Nos dejamos empujar por la energía hasta llegar al presente y más allá del presente. Anotamos cómo nos sentimos, qué vemos y qué afirmaciones o tomas de conciencia nos llegan.

> Repetimos un mínimo de tres veces el andar desde el pasado hasta el presente, observando cada vez las transformaciones del nuevo estado, con nuevas comprensiones, para disfrutar al final de una nueva expansión de la conciencia.

Integrar lo masculino y lo femenino

Cada persona es una fusión única de sus padres. Es decir, de un hombre y de una mujer.

La madre se relaciona con nuestro hemisferio cerebral derecho, proyectado en toda la parte izquierda del cuerpo. El padre se relaciona con el hemisferio izquierdo, proyectado en la parte derecha del cuerpo.

Necesitamos a ambos para sentirnos equilibrados y plenos, independientemente de lo que haya pasado con ellos. Aunque no los conozca, si me miro en el espejo los veo a los dos; si me toco, toco las células, cromosomas y genes que me vienen de ellos. Soy ellos dos.

Uno alcanza la máxima fuerza y capacidad en su vida cuando puede utilizar al máximo sus dos hemisferios cerebrales, integrando y fusionando en sí mismo su parte masculina y su parte femenina.

Cuando ha tomado por igual a sus padres, uno integra espontáneamente su parte masculina y su parte femenina, sea cual sea su sexo y su identidad sexual, alcanzando así el máximo de su potencial.

> Ejercicio para una o tres personas.
>
> **Para uno solo:**
> Decides tres lugares arbitrarios: uno para ti, otro para la parte femenina y otro para la parte masculina. Representarás alternativamente cada uno, hasta lograr sentir quizás una fusión entre los tres. Puedes hablar cuando lo sientas oportuno.
>
> **Para tres personas:**
> La persona se representa a sí misma, los otros dos representan la parte masculina y la parte femenina de la persona.
> Todos se dejan mover muy lentamente. Las dos partes van diciendo, de un modo muy centrado, lo que necesitan o desean.
> La persona se sorprenderá de toda la información que irá recibiendo.

Interpretar nuestros sueños o cualquier incidente

Este ejercicio nos permitirá comprender lo que nos quiere decir un sueño o un incidente cualquiera (pérdida de llaves, avería, accidente…).

Solo aquello que recuerdes de tu sueño pide ser identificado y escuchado.

Los sueños repetitivos o los sueños desagradables son los que piden interpretación o constelación, según el caso. Los demás sueños son como constelaciones completas, realizan su proceso sin nuestra participación consciente, cuanto menos interferimos más eficaces son…

Por lo tanto, testarás, con el péndulo o cualquier otro método, el permiso o la conveniencia de trabajar un sueño.

1. **Identificar los símbolos del sueño.**

    Primero, identificas las partes de tu sueño que te han impactado más, por más absurdas que parezcan. Por ejemplo: una sensación, una parte de un objeto, el no poder gritar, una persona presente que se parecía a alguien, etc.

    Ahora averiguas con tu guía los símbolos significativos. Para empezar, selecciona un número máximo de dos o tres símbolos.

    El sueño utiliza símbolos, la metáfora es su lenguaje. Vamos a ver cómo leer esas metáforas.

    Incluso cuando aparecen personas reales, esas personas son metáforas de algo para ti, no se trata de ellas sino de una faceta de ellas...

2. **Colocación de los símbolos.**

    Escribes el nombre de cada símbolo en una hoja de papel y dispones estas hojas en un semicírculo, a tu derecha. El primer papel a la izquierda es para ti.

3. **Representar los símbolos.**

    Ahora vas a situarte en un símbolo, lo sientes, tú eres él, sientes tu cuerpo, tu mente, tus emociones transformados en ese símbolo. Te haces las preguntas siguientes, anotando las respuestas que te vienen automáticamente, sin razonar:

    1. ¿Qué veo, oigo y siento siendo este símbolo?, ¿con qué lo asocio?

2. ¿Para qué sirvo, cuál es mi función? ¿Para qué sirve lo que está pasando ahora? Apuntas lo primero que te viene. Vuelves a preguntar «¿Para qué?» hasta llegar a un objetivo superior.
3. ¿Cuáles son mis cualidades intrínsecas?
4. ¿Hay alguna oposición, diferencia o conflicto entre algún otro símbolo y yo?
5. ¿Cuál es la situación en este sueño desde mi punto de vista de símbolo?

Después haces lo mismo con el símbolo siguiente.

4. **Diálogo con cada símbolo.**

Ahora cada símbolo se hace las siguientes preguntas, en relación a los demás símbolos. Te pones en ellos para sentir su respuesta o su reacción:

1. ¿Qué reprocho a cada uno de los demás símbolos? ¿Qué necesito de cada uno de ellos?
   Cuando dice que alguno le sobra: piénsalo bien, en el fondo sí que te sirve para algo, descubre ese algo.
2. Si no existieras..., sentiría, sería...
3. Si fueras distinto, un poco más tal, un poco menos cual..., me gustaría más porque...
4. En ti valoro..., me doy cuenta de que te necesito por...

5. **Integración del mensaje del sueño.**

Recoges toda la información y los mensajes de los símbolos del sueño. Los fundes todos en tus manos hasta sentir un único y nuevo mensaje. Ves el color, la for-

> ma, el peso, la textura del nuevo mensaje y lo integras lenta y profundamente en tu pecho, en cada una de las células de tu cuerpo, respirando profundamente, con la boca abierta.

La mirada sanadora

No introducimos la noción de ancestros ni de muertos. Aquí todo ocurre en el momento presente, entre las dos personas vivas, aunque uno vaya al suelo o mire hacia abajo.

Querer ayudar o consolar son maneras de quitarle fuerza a la otra persona. Tocar a la otra persona, sin que lo haya sugerido ella, es una invasión que le quita fuerza.

Desear que el otro cambie es despreciarlo como es y en el fondo es desear que desaparezca tal como es.

> De dos en dos.
> Los dos al lado el uno del otro, identificamos en silencio un tema que nos duele o nos preocupa. Cada uno lo ve, lo imagina y lo siente delante de sí.
> Luego, cada uno se pone en su tema, para sentirlo.
> Ahora salen del problema, vuelven a su lugar, al lado de su compañero.
> Un tercero puede leer las instrucciones que siguen:
>
> Llevo la mirada a lo lejos y me abro a Algo más grande, más allá de lo que pueda entender. Me abro a lo inasequible al ser humano, me abro a la nada. Me abro al vacío.
> Espero y me dejo llenar, con los ojos abiertos.

Dirijo la mirada a mi cuerpo.

Tomo conciencia de que estoy hecho de energía, que mis células son energía. Soy más vacío que materia. Soy vacío, soy energía. Soy vacío creador de nuevas posibilidades.

Me dejo sentir, sin pensamientos ni intención.

Me pongo frente a mi compañero.

Cuando estamos los dos frente a frente decimos juntos: *«Yo soy yo, tú eres tú»*.

No nos tocaremos ni nos abrazaremos.

Mirándonos, sin intención, sin juicio, sin querer hacer nada, solo mirarnos a los ojos. Me dejo guiar por mi cuerpo.

Puedo mirar al otro como si mis ojos estuvieran en mi corazón.

Puedo sentir agradecimiento por el otro, por ser como es.

No hago nada, no digo nada. Las sensaciones van a aumentar.

Acepto todo lo que surja sin preguntarme nada. Pase lo que pase no tengo intención. Ni siquiera ayudar ni consolar.

Puede que uno inicie un movimiento hacia el suelo. Cada uno se deja llevar por el movimiento. Sin interpretar nada.

Estamos los dos en una interacción muy profunda. Nuestras energías se están potenciando mutuamente y del campo creado por nuestra resonancia va a salir una gran sanación.

Al cabo de un tiempo más o menos largo nos dirigiremos juntos hacia la vida.

Sin hablar, cada uno vuelve a su primer lugar y recuerda su tema para observar en qué se ha transformado.

Es bueno intercambiar la información, de un modo muy centrado.

Querer mandar energía a la otra persona es pensar: «*Yo tengo, él no tiene*». Y nuestra pretendida superioridad atenta a su dignidad y le quita fuerza, potenciando la polaridad en la que está la persona (y en la que estoy yo también), mientras que si tomo a la otra persona tal como es la hago salir de la polaridad. Tenía la creencia de que yo sabía lo que ella necesitaba en vez de asentir al hecho de que es como tiene que ser, que está en la etapa en la que tiene que estar, en el movimiento que le corresponde, y que la decisión está en ella. Su decisión no me incumbe.

La decisión del otro es un asunto entre él y el campo, él y el vacío, él y sus fidelidades.

Uno no cambia porque otro se lo pida o lo desee. Uno cambia cuando está preparado. Si siente que es respetado como es y respetado en su proceso, el mismo proceso se acelera.

Mi misión hoy

Para empoderarse con fuerza y alegría.

Vamos a representar lo siguiente:

- Me represento a mí tal como soy hoy. Percibo mi fuerza, o mi falta de fuerza, y la dirección de mi mirada.
  Permanezco unos segundos hasta que me quede inmóvil.
- Represento a mi misión. Su deseo es acercarse a mí, fundirse conmigo. Pero algo le impide esta fusión.

Permanezco en esta representación mientras haya movimiento.
- Represento lo que impide la fusión entre mi misión y yo.

Sigo en la representación hasta que algo se transforme y que el obstáculo desaparezca. Puede tardar en ocurrir. Uno acepta todo lo que le va viniendo.

Hacia el obstáculo siente gratitud: «*Sí, es así, fue necesario, gracias por mostrármelo*».
- Entonces vuelvo a ponerme alternativamente en mí y en mi misión, hasta ver que ambos nos fusionamos. Si aparece un nuevo obstáculo, lo volvemos a trabajar como antes.

Cuando esté fusionado con la misión, podré decir estas frases, con silencios entre cada una:

Sí, me entrego.
Me rindo.
Suelto.
Sí al nuevo servicio.
Gracias a todo mi pasado, está presente en mi misión.
Sí al nuevo compromiso.

Experimento en mi cuerpo expansión, amplitud, plenitud y compromiso.

Disfruto de este nuevo regalo, me siento colmada, o colmado, derramando gratitud.

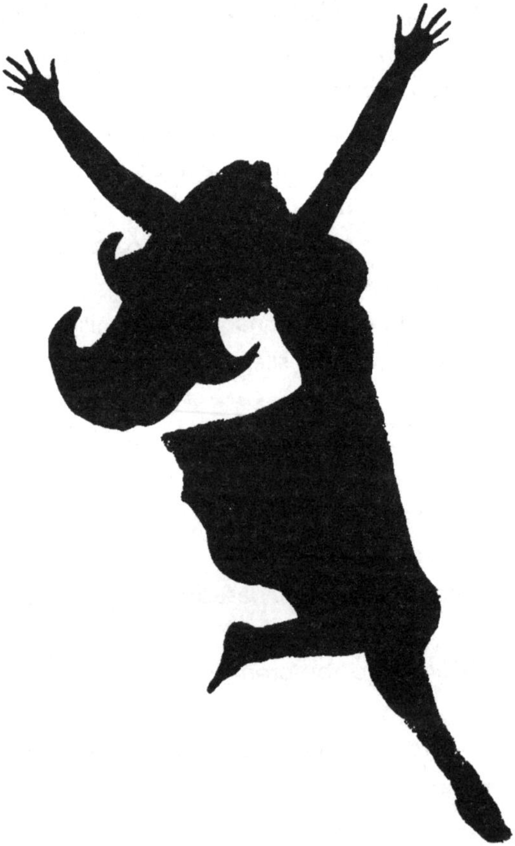

15
Plenitud: tomar a los padres

Cada uno de nosotros somos hijos o hijas, hayamos conocido o no a nuestros padres, estén muertos o estén vivos. Estamos hechos de ellos. Nuestros cromosomas son sus cromosomas. Somos cada uno una mezcla única de ellos dos.

En nosotros y a través de nosotros, los sistemas familiares maternos y paternos de origen continúan su servicio a la humanidad. Somos un eslabón más, siempre fusión del pasado, creando un nuevo presente, de paso hacia algo nuevo.

Los hijos son la vida que los padres han transmitido en su abrazo.

Al aceptar incondicionalmente a nuestros padres como nuestros progenitores, los hayamos conocido o no, aceptamos incondicionalmente la vida y nos realizamos plenamente como seres vivos.

La vida que experimentamos y el éxito que la acompaña son proporcionales a nuestra incondicionalidad y devoción hacia nuestros padres.

Al situarnos como hijos de nuestros padres, nos colocamos en nuestro lugar al servicio de la vida, nos inclinamos humildemente ante el misterio de la vida, ante Algo más grande, sea cual sea nuestra representación de ello según nuestra cultura y evolución.

La actitud esencial ante los padres no es emocional, es una actitud existencial:

> *Vosotros me habéis dado la vida.*
> *Con toda vuestra imperfección, habéis sido capaces de lo más grande: transmitir la vida.*
> *Gracias por la vida, gracias por ser mis padres.*
> *Vosotros sois los grandes, yo el pequeño o la pequeña.*
> *Lo que me falte me hace fuerte.*

Haya sido la que haya sido la vivencia con los padres, esta actitud es la necesaria para disfrutar de la vida. Después, si hace falta para su supervivencia, en caso de peligro, el hijo añadirá: «*Y para mi protección me alejo de vosotros, queridos padres*».

Al renunciar a la reivindicación emocional, repentinamente las heridas empiezan a sanarse. La actitud cuántica que asiente a todo como es y como fue, el estar en nuestro Adulto, nos dan la libertad y la fuerza de tomar la vida como es, de dejar de sentirnos víctimas y decidir hacer algo en la vida con lo que nos haya tocado. En cuanto nos rendimos ante nuestro pasado como fue, la vida nos hace un regalo inesperado, damos un «salto cuántico», la energía benevolente del campo se manifiesta, nuestra vida se transforma.

Al tomar incondicionalmente a su madre, la persona recibe la salud y el éxito para transitar por la vida. Al agradecerle la vida recibida, se añade la abundancia y la capacidad para amar.

Tomar al padre abre la puerta al principio de realidad, a la fuerza, la realización profesional y la responsabilidad. La fuerza de vivir y de estar en nuestro lugar nos viene al tomar al padre tal como es.

Quién pertenece al clan o sistema familiar

Aquí vamos a ver con quién podemos tener un vínculo especial, que se va a traducir primero en una intrincación o un reemplazo y después se transformará en protección especial:

- La persona y toda su fratría, hermanos y hermanastros, incluidos los muertos y abortos, pero no las parejas de los hermanos ni los sobrinos. En algunos casos, personas sin hijos tienen un vínculo particular con un sobrino.
- Los padres y toda su fratría, no sus parejas ni los primos.
- Los abuelos y sus hermanos sin descendencia.
- Los bisabuelos.
- A partir de los tatarabuelos los vínculos son más ligeros y más benevolentes. Solo existe posibilidad de intrincación en el caso de un crimen o de un secreto, como en la esquizofrenia, enfermedad hereditaria, suicidio, etc. Las personas exteriores a la familia que han hecho sitio para otros (parejas anteriores), personas (socios, criados, prostitutas,

empleados, médico, juez, policía, etc.) cuyas vidas, actos o muertes han reportado un bien o un mal a la familia, o han sido víctimas de un miembro de la familia. Descubriremos antepasados a veces muy lejanos que se alzan con ternura y gratitud por lo que su descendiente está continuando.
- Excluidos, despreciados, no vistos u olvidados de cualquier generación, pertenecientes o vinculados de alguna manera a la familia, particularmente abortos, muertos no vistos por nadie, cónyuge olvidado de la víctima de una tragedia, etc.

En este capítulo iremos progresivamente hacia nuestros padres. En efecto, uno se realiza en su vida cuando puede abrazar con gratitud a sus padres, solo por ser sus padres, haya pasado lo que haya pasado, haya conocido o no a estos padres. Cuando este movimiento natural no se puede dar, es por una dinámica sistémica inconsciente que impide que esta persona se reconozca como hija o hijo de sus padres. También pueden haber ocurrido situaciones muy dolorosas que han alejado a los hijos de sus padres.

Presentaremos primero los ejercicios de liberación sistémica, para que la persona se acerque poco a poco a su lugar real con respecto a sus padres, y luego los ejercicios que permiten tomar incondicionalmente a nuestros padres y todo nuestro sistema familiar. Terminaremos con un ejercicio que da una fuerza extraordinaria.

Encontrar nuestro lugar

Uno de los mayores obstáculos para tomar a los padres es estar desordenado, es decir, reemplazar a alguien de otra generación, con lo que no conseguimos ver a nuestros padres como nuestros progenitores. Estar en nuestro lugar es la clave de la plenitud.

Para una persona:

Imaginas que te colocas frente a tus padres. Tu padre está a la derecha de tu madre. Puedes colocar una hoja de papel en el suelo para indicar el lugar de cada uno.

Ahora te pones en tu madre, luego en tu padre, para sentir cómo te ven. Si uno de los dos te siente igual o más grande que ellos es que no estás en tu sitio de hijo o hija.

Entonces colocas otra hoja, cerca de los padres, para el excluido al que reemplazas. Te pones encima para sentir.

Luego vuelves a tu lugar, te conectas con ese excluido con la mirada y le dices: *«Estoy ocupando tu lugar, pero solo soy el hijo, o la hija, de ellos dos»*. Esperas un poco hasta percibir que este excluido se transforma, o se aleja. Quizás necesites decirle: *«Te amo. Y ahora te dejo ir»*.

Una vez hecho, te pones de nuevo en tu madre y en tu padre para ver cómo te perciben. Si uno de ellos te sigue sintiendo igual o más grande que él, colocas una nueva hoja para otro excluido al que reemplazas también, y haces y dices lo mismo que antes.

Repites esto hasta que tus padres te perciban más pequeño que ellos mismos. Y verás que el abrazo a los padres ya no tiene obstáculos.

A veces los padres te ven pequeño, y uno de ellos o tú está mirando al suelo. Entonces también colocas una hoja para este muerto excluido u olvidado y le dices: *«Estoy ocupando tu lugar, pero tú estás muerto y yo estoy vivo»*. Si no es suficiente es que hay más muertos, añades otra hoja y dices lo mismo a ese otro muerto.

Terminarás con un abrazo a tus padres desde una nueva percepción.

Para cuatro personas:

Tú haces de ti mismo. Alguien hace de tu madre y otra persona hace de tu padre. La cuarta persona es un comodín, que va a representar a cada excluido al que tú reemplaces.

Te colocas frente a tus padres, el «comodín» aparte.

Los padres dicen cómo te sienten.

Si uno de tus progenitores te ve igual o más grande que él, el «comodín» se coloca detrás de los padres, o a su lado. Tú te conectas con ese excluido con la mirada y le dices: «*Estoy ocupando tu lugar, pero solo soy el hijo, o la hija, de ellos dos*». Esperas un poco hasta percibir que este excluido se transforma, o se aleja. Quizás necesites decirle: «*Te amo. Y ahora te dejo ir*».

Esperas a que el «comodín» se retire o desvíe la mirada.

Entonces los padres vuelven a mirar cómo te sienten y seguís el ejercicio hasta que tus padres te vean más pequeño o pequeña que ellos.

Te sentirás embargado o embargada por un inmenso amor por tus padres y desde ese nuevo lugar disfrutarás de un gran abrazo con ellos.

Es bueno volver a hacer este ejercicio cada vez que ocurra algo difícil en tu vida, pues no sabemos cuándo se hacen activos los vínculos con los excluidos y posiblemente la dificultad surgida sea para ver a este nuevo excluido y liberarle de tu reemplazo.

Estar reemplazando a alguien

Es otra manera de liberar a un reemplazado. Conviene realizar este ejercicio cada vez que tenemos un comportamiento o emociones poco coherentes o difíciles de dominar.

> **Para dos personas:**
> Primer turno: A dice a B: *«Tú me representas y yo represento a un ancestro a quien estoy reemplazando sin saberlo»*. De un modo muy centrado, cada uno va expresando brevemente lo que su cuerpo siente o percibe. Solo lo que su guía le permita decir.
> Después se turnan y A dice: *«Ahora yo soy yo, y tú eres el ancestro al que estoy reemplazando»*.
> Ahora A va a poder mirar con amor y gratitud al ancestro, y dejarle ir, diciendo: *«Tú eres tú, yo soy yo. Te libero de mí. Elijo el presente y la vida»*.
> Segundo turno: B es el protagonista.
>
> **Para una sola persona:**
> La persona representará alternativamente a quien esté reemplazando y a sí misma. Cuando está en sí misma puede tomar decisiones como honrar, agradecer o despedir. Y terminar diciendo: *«Elijo la vida»*.

Salir de una identificación

Algunas personas se sienten incoherentes; piensan, sienten o hacen cosas que les sorprenden, pero no pueden evitar hacerlas. Gracias a las constelaciones sabemos que es frecuente que estemos reemplazando a alguien hasta el punto de estar identificados con ese alguien.

La identificación con un familiar, conocido o no, puede llegar a la simbiosis total.

La persona observará que después de desidentificarse, al cabo de unos meses, hasta su carácter y su personalidad se habrán transformado, ha dejado de ser «aquella» persona y por fin empieza a ser ella misma.

Es mejor hacerlo entre dos personas:

La persona hace de sí misma, y la otra representa al ancestro con el que la primera está identificada sin saberlo.

Primero están los dos y se dejan mover sin intención. Puede haber rechazo o acercamiento mutuo. Recordar que dos imanes iguales se repelen mutuamente.

Después de unos segundos, un minuto quizás, la persona va a repetir «*Yo soy tú*», hasta que pueda mirar al ancestro a los ojos.

En ese momento empezarás a darte cuenta de que eres diferente de ella.

Entonces, repites: «*Tú eres tú, yo soy yo*», hasta que los dos os separéis.

Dices ahora dos veces: «*Yo soy* (tu nombre y apellidos), *hija/o de* (nombre y apellidos del padre) *y de* (nombre y apellidos de la madre)». Y añades: «*Por amor a ti, ahora elijo vivir mi propia vida*». Hasta que te puedas dirigir hacia la vida.

Lo puedes hacer también para un hijo o un nieto, si así te lo indica tu guía:

En este caso representas o imaginas a tres personas: tú, ese hijo y un ancestro.

> Y dirigiéndote al hijo, las frases serán:
> *Tú eres él.*
> *Tú eres tú, él es él.*
> *Tú eres..., hijo/a de...*
> *Por amor a él, ahora eliges vivir tu propia vida.*
>
> **Si estás tú solo para hacer el ejercicio:**
> Representarás alternativamente a los personajes, dándote tiempo para sentirlos en cada turno, diciendo las frases citadas antes.

Movimiento interrumpido (ira)

Así llamó Bert Hellinger a la neurosis consistente en tener una rabia descontrolada hacia las personas a las que uno más ama. Esta rabia es provocada por una separación precoz de la madre o del padre, en una época en la que el niño no es capaz de llorar de pena o de hacer el duelo de la persona que le falta.

Alguien que se enfada mucho o tiene explosiones descontroladas de ira suele haber sido separado de su padre o de su madre en su infancia, antes de los cinco años. Aunque haya sido solo unos días...

> **1. El bebé ha estado en la incubadora:**
> La persona que sufre un movimiento interrumpido se va a tumbar en el suelo, representándose a sí misma en la incubadora, y a un metro de distancia, una almohada que representa a su madre.
>
> Cada día va a estar entre cinco y diez minutos en

esta escena. Y poco a poco verá que su cuerpo empezará a moverse muy lentamente, como para alcanzar a la madre.

Hasta que un día llegue a abrazar a la almohada que representa a la madre.

Durante todos los días de este proceso va a vivir muchas emociones, como impotencia, miedo, vergüenza o soledad. Las acogerá con mucho cariño, permitiéndoles estar hasta que se agoten.

Si estas emociones vuelven más adelante, necesitará hacer el ejercicio «Integrar traumas y conflictos».

2. **La criatura fue separada de su madre entre su nacimiento y los cinco años:**

    La persona dispone el espacio así:

    A un extremo de la habitación coloca una silla que representa a la madre o la persona de la que fue separada.

    Al otro extremo, la persona misma. En cuestión de segundos volverá a la edad que tenía cuando ocurrió la separación.

    Hará este ejercicio de reconexión con la madre de cinco a diez minutos todos los días. La meta del ejercicio es que consiga ir desde un extremo del lugar hasta el otro extremo donde está su madre para abrazarla.

    El movimiento será muy lento. Algunos días solo podrá avanzar unos centímetros. Sentirá mucho bloqueo, miedo, vergüenza, soledad, ira, y conforme lo siente lo dice: «*Tengo miedo*» o «*Estoy muy enfadado*», etc. Hasta que al final el amor lo desborde.

Constelación del nacimiento

Nuestro nacimiento es nuestra primera experiencia de toma de autonomía, de transformación radical, y se vuelve nuestro patrón frente a los futuros cambios de nuestra vida.

Antes del parto, el bebé/feto está en un ambiente muy agradable, rutinario y cómodo, hasta que, de repente, un buen día, empiezan contracciones que vienen desde fuera y le obligan a desplazarse; el dolor indica un nuevo camino, el paso por un túnel muy exiguo, en el que por primera vez siente sus límites, toma conciencia de su individualidad, hasta desembocar en algo totalmente nuevo, con un nuevo modo de relacionarse y una nueva conciencia del mundo. El bebé acaba de vivir un cambio sin retorno, ha dado un salto cuántico.

El nacimiento se graba como el patrón a seguir cuando la vida empieza a darnos contracciones y patadas. Cada crisis es un nuevo parto.

Para muchos de nosotros, el nacimiento fue algo muy duro que se transformó en trauma. De tal modo que mucha energía nuestra se quedó atrapada en ese trauma, y cada vez que la vida empieza a movernos, a darnos esas contracciones, nos entra pánico frente a todo el sufrimiento que recordamos haber pasado, y empezamos a desarrollar resistencias frente a los cambios en vez de abrirnos gozosamente a ellos.

La constelación del propio nacimiento permite liberar mucha energía, integrando traumas y cerrando muchas situaciones sin acabar.

> Cuatro o cinco representantes.
> Tú haces de ti mismo, es tu nacimiento. Hay un representante para la madre que dio a luz, un representante para

el padre y los otros representantes se dejarán guiar por el campo. Con la ayuda de su guía, la persona decidirá quién tiene que ser representado. Pueden ser la madre que se hizo cargo del bebé, en caso de que no fuera la misma persona que la que dio a luz, un abuelo/a, un gemelo, un excluido o un aborto, etc.

Se parte de una disposición especial: la madre permanece de pie mirando a la vida y el que se representa a sí mismo está detrás en el suelo, sentado, con los pies apoyados en los talones de la madre. El padre, al principio, se sitúa a la derecha de la madre.

Los demás representantes se dejan llevar por el campo.

Cada nacimiento va a ser distinto.

Todos muy centrados y en silencio, se dejan guiar por el campo.

Poco a poco, el representante del bebé va a ir pasando lentamente por entre las piernas del representante de su madre. La madre está muy centrada, con las piernas poco abiertas. Es bueno que el «bebé» sienta la estrechez del paso.

Cuando nace, se espera a que el «bebé» se «reparentalice», es decir, que pueda ser recogido o abrazado por los padres o por cualquiera de los presentes. A veces, ningún familiar está disponible para el bebé. Es posible que un representante haya sido designado como «la vida» y sea quien recoja ese bebé entre sus brazos.

Es muy bueno volver a vivir esta constelación, que siempre será distinta, dejando pasar como mínimo un año.

Ver a los padres como una unidad

Reconocerme como hija o hijo de mis padres me conecta con lo siguiente: la madre me conecta con la vida y el amor; el padre me conecta con Algo mayor y, en particular, con lo cuántico o aceptación incondicional de la realidad y la acción. La madre me conecta con la pertenencia y el equilibrio entre el dar y el recibir; el padre, con la rendición a la vida como es y el respeto de las prioridades.

Donde tengo la mirada tengo la intención. Si solo miro a uno de mis padres, el hecho es que no lo veo como progenitor y mi intención es relacionarme desde otro lugar, amistad, socio, etc.

Yo soy hijo de dos, de una unidad llamada padres, aunque estén separados o muertos.

Si miro solo a uno de mis padres, los separo como pareja y no puedo estar en mi lugar de hija o de hijo.

Cuando miro a ambos a la vez, mi intención es un movimiento del amor en acción y lo que hubiera entre mis padres se sana. La fusión entre ellos se vuelve a realizar, permitiéndome fusionarme como hijo o hija con ellos.

Este ejercicio nos lleva al éxito en todas las esferas de nuestra vida.

Si no se consigue «tomar a los padres», habrá que realizar previamente el ejercicio «Encontrar nuestro lugar».

Tres personas.

Si estás solo, lo haces como una visualización.

Tú tienes a tus padres enfrente de ti. No hay un lugar preciso para ellos, cada uno se irá moviendo según lo sienta.

Mirándolos te das cuenta de que quieres a cada uno de un modo distinto.

Vas a tomar una primera decisión, que solo tú puedes tomar: decidir querer a los dos de la misma manera, renunciar a tu preferencia, renunciar a tu relación individual con cada uno de ellos y elegir relacionarte con los dos a la vez.

Ahora una segunda decisión: mirarlos a los dos a la vez. Te colocas de modo que los veas a ambos a la vez sin tener que mover los ojos.

Y la última decisión: honrar a los dos a la vez y de la misma manera.

Ahora te dejas llevar por el amor que te embarga para los dos a la vez. Ya no existe tu padre o tu madre, son solo «tus padres».

El legado de cada género

Este ejercicio da mucha información y nos abre a la compasión y la gratitud.

1. **El legado de los padres:**
    Si uno es adoptado, añadirá a su padre adoptivo a la fila de padres biológicos. Si uno es fruto del esperma de un donante, este donante es el padre biológico.

    Primer turno

Primer paso:
El que decide empezar dice: «*Tú eres yo y yo soy todos los padres de mi sistema familiar*».

Es decir, el padre, el abuelo paterno y el abuelo materno, los bisabuelos paternos y los bisabuelos maternos, etc.

Se dan tiempo para sentir y dejarse mover desde el centro. La persona que hace de los padres, simultáneamente, observa a su representante frente a todos estos hombres y siente y dice lo que los padres necesitarían de ella: más respeto, más agradecimiento, más amor, o ir a la vida...

Segundo paso:
Los dos intercambian los papeles.
La persona que decidió empezar dice: «*Ahora yo soy yo y tú eres todos los padres de mi sistema familiar*».
Desde el centro, muy lentamente, desde el amor y el respeto incondicionales, va completando el encuentro con todos los padres, hasta poder ir a la vida con todo este legado.

Segundo turno

Los dos invierten los papeles y siguen los dos pasos descritos anteriormente.
Dejar pasar tiempo o hacer otra cosa antes de pasar al ejercicio con las madres.

2. **El legado de las madres:**
    Si uno es adoptado, añadirá a su madre adoptiva a la fila de madres biológicas. Si uno es fruto del óvulo de una donante, esta donante es la madre biológica.
    Si fue gestado por otra mujer distinta a su madre biológica, también añadirá a esta madre de gestación. Si hubo alguna madre de leche (nodriza) en las generaciones anteriores, el guía nos dirá si añadirla o no.

Primer turno

Primer paso:

El que decide empezar dice: «*Tú eres yo y yo soy todas las madres de mi sistema familiar*». Es decir, la madre, la abuela paterna y la abuela materna, las bisabuelas paternas y las bisabuelas maternas, etc.

Se dan tiempo para sentir y dejarse mover desde el centro. La persona que hace de las madres siente y dice lo que las madres necesitarían de su descendiente: más respeto, más agradecimiento, más amor, o ir a la vida...

Segundo paso:

Los dos se ponen en el lugar del otro.

La persona que decidió empezar dice: «*Ahora yo soy yo y tú eres todas las madres de mi sistema familiar*».

Desde el centro, muy lentamente, desde el amor y el respeto incondicionales, va completando el encuentro con todas las madres, hasta poder ir a la vida con todo este legado.

Segundo turno

Los dos invierten los papeles y siguen de nuevo los dos pasos.

Soy hija, o hijo, de todos vosotros

Este ejercicio da mucha fuerza. Nos sentiremos colmados, plenos.

1. **Tomar a la rama paterna:**
   Se hace únicamente con la rama biológica del padre biológico o del donante de esperma.
   Dos personas (aunque se puede hacer también individualmente), poniéndose alternativamente en los dos papeles.

   Primer turno

   La persona que decide empezar dice: «*Yo soy yo y tú eres mi rama paterna: mi padre, mis abuelos paternos, bisabuelos paternos, tatarabuelos paternos y los demás antepasados*».

   Cada uno se centra y espera que todo su cuerpo esté embargado por un movimiento interno, sin intención y sin emoción. Si percibe una emoción, no la sigue, la observa sin dejarse tomar por ella.

   El representante de la rama paterna, de un modo muy centrado, va diciendo todo lo que percibe.

   La persona observa con amor todo lo que ve y siente. Podrá expresar su amor y respeto honrando, rindiéndose, agradeciendo y yendo finalmente a la vida.

   Cada caso será distinto. La persona, desde su centro, se adaptará a lo que ve y lo que necesitan sus ancestros, hasta que puedan experimentar todos serenidad y bienestar.

   Segundo turno

   Los dos invierten su lugar, y la segunda persona dice ahora: «*Yo soy yo y tú eres mi rama paterna: mi padre, mis abuelos paternos, bisabuelos paternos, tatarabuelos paternos y los demás antepasados*».

   Dejar pasar tiempo o hacer otra cosa antes de pasar al ejercicio con la rama materna.

2. **Tomar a la rama materna:**

Se hará con la rama biológica de la madre biológica o de la donante de óvulo.

Dos personas, aunque se puede hacer individualmente, poniéndose alternativamente en los dos papeles.

Primer turno

La persona para quien va a ser el turno dice: «*Yo soy yo y tú eres mi rama materna: mi madre, mis abuelos maternos, bisabuelos maternos, tatarabuelos maternos y los demás antepasados*».

Cada uno se centra y espera que todo su cuerpo esté embargado por un movimiento interno, sin intención.

El representante de la rama materna, de un modo muy centrado, va diciendo todo lo que percibe.

La persona observa con amor todo lo que ve y siente.

Podrá expresar su amor y respeto honrando, rindiéndose, agradeciendo y yendo finalmente a la vida.

Cada caso será distinto. La persona, desde su centro, se adaptará a lo que ve y lo que necesitan sus ancestros, hasta que puedan experimentar todos serenidad y bienestar.

Cuando termina, el que representaba la rama materna comparte la información que haya vivido, con un profundo respeto.

Segundo turno

Los dos invierten su lugar y sus papeles, y la otra persona dice ahora: «*Yo soy yo y tú eres mi rama materna: mi madre, mis abuelos maternos, bisabuelos maternos, tatarabuelos maternos y los demás antepasados*».

Yo soy yo

Para que uno recobre la autoestima, la confianza en sí mismo, la alegría de ser quien es, conectado y perteneciente. Ejercicio muy sanador.

> Este ejercicio es individual.
>
> 1. Frente a lo que representa la vida (una ventana, una planta, etc.), te dices: *«Me abro a mí misma/mismo»*. Experimenta la fuerza de esta frase y, si quieres, la repites varias veces, dejándote tiempo para sentir entre cada repetición.
> 2. Ahora repites lo que sigue, en el orden indicado, con fuerza, amor y lentitud. Los puntos suspensivos sugieren unos segundos de silencio:
>
>   *Soy…* —tu nombre, apellido del padre, apellido de la madre…
>   *Hija/hijo de…* —nombre de tu padre…, apellido de su padre…, apellido de su madre…
>   *Y de* —nombre de tu madre…, apellido de su padre…, apellido de su madre…
>
>   Ejemplo:
>
>   *Soy… Magdalena Pérez Fernández…*
>   *Hija de… Pablo… Pérez… Novoa…*
>   *Y de Clara… Fernández… Zafra…*
>
>   Lo repites hasta sentirte al máximo de ti misma/mismo.
> 3. Puedes repetir esta secuencia todas las veces que necesites fuerzas, claridad o autonomía.

> Si no sabes el nombre de uno de tus padres, puedes hacerlo de esta manera:
> «Yo soy María más tus apellidos.
> Hija de mi padre biológico y de mi padre adoptivo.
> Y de mi madre biológica y de mi madre adoptiva».
> Y vas diciendo los nombres y apellidos de los que conoces.

El holograma

El científico ruso Piotr Gariaev, recién fallecido, hizo un descubrimiento revolucionario a finales del siglo XX, que no fue secundado por la comunidad científica. Experimenta que el llamado ADN basura es «el cerebro» del ADN, que informa y dirige la evolución genética. Incluye todo lo que se ha ido y se va viviendo, informándolo, por teletransportación, a todos los elementos entrelazados del sistema para que todos se desarrollen al servicio de la misión de este sistema.

El «ADN basura», que Gariaev llama ADN ondulatorio o cuántico, emite una imagen holográfica del individuo realizado, independientemente de la edad que tenga ese individuo. Si se trata de una persona, desde feto su holograma es el de su realización adulta. Si se trata de un animal, desde huevo o embrión será la imagen del animal adulto. Si se trata de un sistema familiar, su imagen holográfica es la de la realización del propósito de ese sistema familiar: la realización de su misión al servicio del destino colectivo, es decir, de la evolución del amor en crecimiento. Todo lo que tiene crecimiento o movimiento es dirigido e informado por un holograma de su meta lograda, meta que no es una foto fija, sino una especie de película en movimiento que se modifica conforme va integrando todo lo que va viviendo el sistema o especie de ese individuo, para que esa «meta lograda» esté siempre en resonancia con todo lo que hay.

El holograma, o campo morfogenético, es una realidad de otra dimensión: no es tridimensional. No tiene dimensión temporal ni espacial, es no local y atemporal. En el holograma, todo existe a la vez. Es un presente permanente. Incluye todo el pasado, todo lo anterior, todas las intrincaciones, las transgresiones de las fuerzas del amor, los saltos cuánticos de épocas pretéritas y el futuro, cambiante, resultado del pasado en movimiento. Esta presencia cuántica, energética, de otra dimensión, apoya al individuo o al sistema, le informa, le guía a través de señales, crisis y oportunidades, atrayéndole hacia el futuro, hacia su meta al servicio del destino colectivo.

El campo del holograma se compone de dos subcampos:

- Una imagen holográfica del ser realizado, emitida por el ADN cuántico. En este holograma está toda la historia familiar, todo el pasado, toda la memoria del sistema, del campo o de la especie, es la presencia de lo que Rupert Sheldrake llama el campo morfogenético. La imagen de este ser realizado está en cambio permanente, ya que el ADN integra todo lo que se está viviendo, tanto los avances como los retrocesos. Cuando representamos nuestro holograma, este nos muestra siempre lo que, en ese mismo momento, la persona necesita resolver para acercarse a su ser realizado.

  El holograma nos pone en contacto con otra dimensión, un presente permanente, es decir, existente desde antes del tiempo, antes del Big Bang. Nuestro guía biológico está al servicio del holograma.

  Representar el holograma en una constelación tiene una enorme fuerza sanadora, sobre todo en las constelaciones de los niños.

- Otro subcampo que podemos llamar atractor[22], del que filósofos y científicos conjeturaban la existencia antes de que se pudiese definir físicamente.

Otra consecuencia subversiva de ese descubrimiento es que cada uno de nosotros existe desde siempre en el holograma del universo, en el mismo holograma de la conciencia en crecimiento.

> Nos colocamos frente a la vida.
> Decidimos representar nuestro propio holograma. Delante del holograma está nuestro yo actual.
> Permanecemos en nuestro holograma, sintiéndolo y observando nuestro yo actual.
> Poco a poco percibiremos que nuestro yo actual se transforma.
> Nos tomamos todo el tiempo que necesitemos para llegar al máximo de nosotros mismos, disfrutando de toda la información recibida.
> Esta información es sanadora, es fuerza y amor.

---

[22] Son afirmaciones que podemos realizar gracias a las constelaciones: una y otra vez hemos podido constatar la presencia de estos dos subcampos y la fuerza sanadora extrema que tienen.

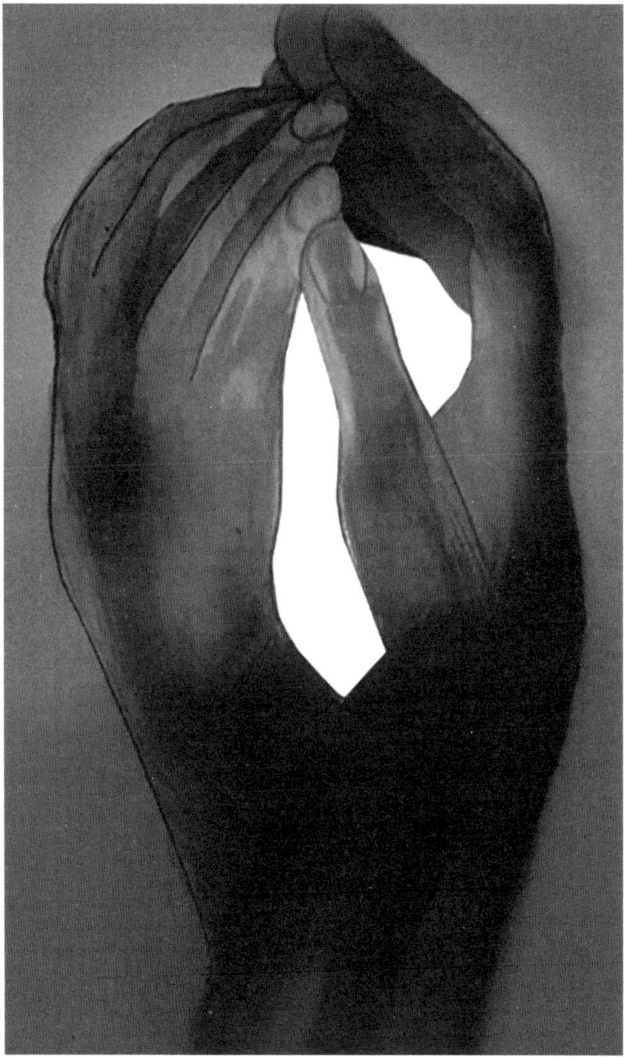

Índice alfabético de los ejercicios

Abusos sexuales	154
Acoger a las partes que sufren	131
Asentir a la realidad	62
Atenuar el pasado	137
Autosanación	135
Ayudar a un muerto a terminar de morir	83
Bailar con el mundo	228
Calmar una reacción emocional desproporcionada	134
Cambiar una decisión del guion de vida	84
Catástrofes naturales, incendios, seísmos, etc.	92
Colapso de anclas o transmutar un malestar habitual	130
Constelación del nacimiento	263
Corte de dependencia	116
Crear un anclaje	65
Cuando alguien nos agrede	152
Cuando nos indignamos por una injusticia o un comportamiento	153
Culpa por salir de un grupo de pertenencia	124
Dejar de hacer de novio de papá o mamá	207

Desenredar un conflicto (resolver una proyección o doble transferencia)	99
Dificultad en la empresa o en un proyecto	229
Dificultades en la pareja	204
¿Dónde está mi fuerza?	230
Dramas o tragedias repetitivas	91
El adulto y la angustia	139
El campo de resonancia mórfica que me toma	119
El covid-19	170
El destino	78
El ego	97
El enfado constante	144
El excluido	81
El guía es el corazón	69
El guía: la sensación interna	39
El holograma	272
El legado de cada género	266
El mejor regalo	193
El movimiento puro	239
El poder de los pensamientos	43
El primer paso	37
El trío	205
Encontrar nuestro lugar	256
Enfermedad y madre	165
Enfrentamientos entre hermanos o dentro de un grupo	105
Estar atrapado por un movimiento de compensación	123
Estar preocupado	216
Estar reemplazando a alguien	259

ÍNDICE ALFABÉTICO DE LOS EJERCICIOS

Expandiendo la conciencia	241
Frente a un síntoma mío	167
Frente a una situación difícil	80
Frente al bloqueo escolar o comportamiento difícil de un joven, niño, hijo	218
Hablando con la angustia	138
Hablar con un síntoma	165
Incesto	159
Infidelidad	206
Integración de polaridades / Integración de partes en conflicto	188
Integrar lo masculino y lo femenino	244
Integrar traumas y conflictos	145
Integrar un duelo	126
Interpretar nuestros sueños o cualquier incidente	245
La agresividad	106
La finalidad de mi malestar	112
La gratitud	183
La humanidad y la pandemia	170
La mirada sanadora	248
La noche oscura	68
La solución intentada en vano	220
La triangulación: alianza sistemática contra una persona	221
La vacuna	172
Las exparejas	202
Las expectativas y lo esencial para mí	74
Las frases sanadoras en la familia	215
Las frases sanadoras en la pareja	201

Las pandemias y otras tragedias colectivas	168
Las personas que no cambian	191
Liberación de un malestar interno	115
Lo que rechazo	147
Lograr una meta en sintonía con el destino	234
Los perpetradores	151
Los telómeros	178
Lugar con memoria	89
Madre y abundancia	182
Mi espejo	102
Mi misión hoy	250
Mi pareja, mi maestro	200
Mi responsabilidad	231
Miedo obsesivo. Lo que más miedo me da	150
Miedos	147
Mis pensamientos negativos	173
Movimiento interrumpido (ira)	261
«No le soporto»	103
Ordenar nuestra vida	48
Para ayudar a alguien, sin interferir	190
Para dormir mejor	174
Para los países divididos	93
Para saber qué trabajar	226
¿Qué camino elegir?	76
Regenerar nuestras células madre	177
Regulador energético de emociones y traumas	53
Relaciones difíciles con un familiar, padre, madre, hermano, hermana, etc.	218
Resolver un conflicto	98

Salir de una identificación	259
Sanando una parte de mi inconsciente que sufre	132
Sanar a distancia	192
Sanar una relación frustrante	198
Servicio y abundancia	184
Si no percibes a tu guía	42
Soy hija, o hijo, de todos vosotros	268
Tengo los recursos que necesito	232
Testar algo	75
Tomar a la madre	63
Tomar al padre (cuando hay una reticencia a aceptar a ese padre)	227
Tú por ti	79
Un muerto te agarra	89
Un secreto	87
Ver a la madre desde el adulto	64
Ver a los padres como una unidad	265
Visualización para aumentar los recursos	241
Voy de flor en flor	209
Yo, el servicio y los demás	184
Yo soy yo	271
Yo y el dinero	182

Al lector

Estimado lector, encontrarás actividades complementarias, como meditaciones, vídeos y lecturas, en www.insconsfa.com. Te deseo lo mejor en tu camino de vida y de servicio. Todos juntos al servicio del amor en acción,

Brigitte Champetier de Ribes,
Madrid, septiembre de 2021
www.insconsfa.com

Los otros libros de la autora

LAS FRASES SANADORAS
El lenguaje corporal y espacial en las constelaciones familiares

Con el fin de orientar al facilitador, *Las frases sanadoras* se centra en el mensaje de las señales corporales del inconsciente, tanto individual como familiar. Además de desvelar el significado de cada gesto o movimiento, Brigitte Champetier de Ribes propone una frase sanadora para cada conflicto que, por el mero hecho de ser enunciada, produce una mejoría instantánea en la persona y su sistema familiar (ancestros y descendientes). Esta obra encierra valiosas claves con las que los terapeutas que utilizan la fenomenología y la observación directa del cuerpo podrán mejorar cualitativamente su desempeño profesional.

LOS DESAFÍOS DE LA VIDA ACTUAL
Constelaciones familiares

Los desafíos de la vida actual ofrece una mirada abarcadora y concreta sobre los aspectos de la vida más difíciles de aceptar, como son la desigualdad, la injusticia, la corrupción, los abusos de poder y la violencia entre hombres y mujeres.

Los otros libros de la autora

EMPEZAR A CONSTELAR
Apoyando los primeros pasos del constelador, en sintonía con el movimiento del espíritu

Es este un libro eminentemente práctico que aporta pistas y posibilita nuevas tomas de consciencia, crecimiento continuo, creatividad e investigación a través de todo un abanico de ejercicios fenomenológicos y sistémicos: cómo hacer el vacío, purificarse, vivir las órdenes del amor y de la ayuda, evitar la relación terapéutica, dialogar con el inconsciente, etc.

CONSTELAR LA ENFERMEDAD DESDE LAS COMPRENSIONES DE HELLINGER Y HAMER

Este segundo libro de Brigitte Champetier de Ribes nos adentra en el mundo del significado profundo de la enfermedad, tal y como Hellinger y Hamer lo descubrieron, cada uno a su modo, pero ambos totalmente fenomenológicos, sistémicos y conectados con algo más grande.
De este acercamiento metodológico nace un libro que ampliará el horizonte terapéutico a la vez que introduce una nueva actitud ante la vida y la enfermedad.

LAS FUERZAS DEL AMOR
Las nuevas constelaciones familiares

Existen cuatro fuerzas universales, sistémicas y físicas que rigen las dinámicas de todo lo que existe, orientando todo en un gran movimiento de amor desde la diversidad hacia la unidad: aceptación, orden, inclusión y equilibrio.
La primera fuerza es la del amor incondicional que engloba a las tres siguientes. En efecto, las fuerzas del orden, de la pertenencia o de la compensación no son más que las distintas facetas del amor mayor.

GRUPO GAIA

Para más información
sobre otros títulos de
GAIA EDICIONES

visita
www.grupogaia.es
Email: grupogaia@grupogaia.es
Tel.: (+34) 91 617 08 67